高校历史学专业课程思政

研究与实践

吕红梅·主编

顾军 李自典·副主编

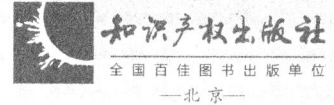

全国百佳图书出版单位
—北京—

图书在版编目（CIP）数据

高校历史学专业课程思政研究与实践 / 吕红梅主编 . —北京：知识产权出版社，2023.3
ISBN 978-7-5130-8592-2

Ⅰ . ①高… Ⅱ . ①吕… Ⅲ . ①历史教学—教学研究—高等学校 Ⅳ . ① K-4

中国国家版本馆 CIP 数据核字（2023）第 000380 号

内容提要

本书是北京联合大学应用文理学院历史文博系历史学（文化遗产保护与利用）专业的教师基于学校应用型大学的办学定位，以传承中华文明、保护文化遗产为使命，在专业思政、课程思政、教学与实践及研究等多方面的探索成果。内容包含历史学专业思政的回顾与总结，历史学专业课程体系的思考与设计，各类课程的课程思政案例展示和教改研究，是培养高素质、复合型史学人才的思考和阶段总结。

责任编辑：张水华　　　　　　　　　　　　责任校对：王　岩
封面设计：商　宓　　　　　　　　　　　　责任印制：孙婷婷

高校历史学专业课程思政研究与实践

吕红梅　主编
顾　军　李自典　副主编

出版发行：知识产权出版社有限责任公司	网　　址：http://www.ipph.cn
社　　址：北京市海淀区气象路 50 号院	邮　　编：100081
责编电话：010-82000860 转 8389	责编邮箱：46816202@qq.com
发行电话：010-82000860 转 8101/8102	发行传真：010-82000893/82005070/82000270
印　　刷：北京中献拓方科技发展有限公司	经　　销：新华书店、各大网上书店及相关专业书店
开　　本：720mm×1000mm　1/16	印　　张：11
版　　次：2023 年 3 月第 1 版	印　　次：2023 年 3 月第 1 次印刷
字　　数：180 千字	定　　价：79.00 元

ISBN 978-7-5130-8592-2

出版权专有　侵权必究
如有印装质量问题，本社负责调换。

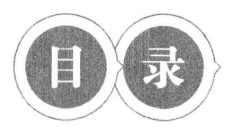

教 改 论 文

历史学专业思政建设的成绩与思考
.... 顾 军 李若水 祁 萌 魏亦乐 3
新文科背景下历史学学科人才培养模式的革新与优化
——基于北京联合大学历史学学科的实践探索
.... 傅凤英 顾 军 18
历史学专业课程体系与教学内容整体优化刍议............李宝明 28
高校历史学通识课程设置的意义及发展路径探索............李自典 35
应用史学人才培养模式下毕业设计环节的设计与实践
——以北京联合大学为例....................吕红梅 43
基于应用史学人才培养的中国建筑史课程创新教学模式研究
——以北京联合大学历史文博系中国古代建筑课程为例
....李若水 52
在世界近现代史课程中培养学生的人文素质...............石竞琳 60
"+文化"视角下中国古代史课程教学问题浅议
——以北京联合大学为例....................魏亦乐 67
铸牢中华民族共同体意识:北京历史上的各民族交往交流交融
——基于北京史课程的思考..................于 洪 80

应用型大学世界古代史课程建设与探索
　　——以北京联合大学为例……………………尹　凌　86
试论基于历史学学科基础的文物修复学
　　——学科体系构建探索…………………………周　华　94

思 政 案 例

且有真人而后有真知
　　——庄子对"知"的态度…………………………傅凤英　107
五四运动：新民主主义革命的开端………………………李自典　118
四知美誉留人世，应与乾坤共久长
　　——《后汉书·杨震列传》选文解读……………吕红梅　126
中国古代开封犹太人被同化之谜…………………………石竞琳　136
从"元代白话"看中华文化的"多元一体"格局…………魏亦乐　146
以史为鉴：查士丁尼瘟疫的暴发及影响…………………尹　凌　155
北京历史上的"民族交往交流交融"
　　——以辽金元时期为例……………………………于　洪　162

教改论文

历史学专业思政建设的成绩与思考

顾　军* 李若水　祁　萌　魏亦乐

摘　要：专业思政建设以"立足首都，服务京津冀，培养具有高度文化自信和文化自觉，以传承中华文明，保护文化遗产为使命的应用型史学人才"为育人目标。采取建设面向应用的文化遗产保护与利用人才培养体系，建构专业课程地图，塑造高素质教师队伍，聚焦高水平特色教材建设，打造第二课堂，创新实践育人，创新教育教学方法与建设精品课程，学科专业一体化建设及协同发展创新等一系列措施。成为应用型史学人才培养的成功范例，形成了和谐、拼搏、创新的教师团队，建设了一批高水平优质课程、配套教材和教学资源，获得了突出的育人成果，打造了学科专业一体化建设的协同发展格局，实现了文化惠民及广泛的社会影响力。

关键词：专业思政；历史学；文化遗产保护与利用

北京联合大学（以下简称联大）应用文理学院历史学（文化遗产保护与利用）专业始建于1978年，在40余年的发展历程中，立足首都对人才的需求和联大应用型大学的办学定位，构建了价值塑造、知识传授、能力培养"三位一体"的人才培养目标，开创了以文化遗产保护与利用为特色的应用史学人才培养模式，立德树人，为文化北京的建设培养了大批优秀的人才。

---

* 顾军（1963—），女，北京人，博士，北京联合大学中国史学科负责人、历史文博系教授。

一、专业思政的育人目标

（一）育人目标

构建价值塑造、知识传授、能力培养"三位一体"的人才培养目标，将价值引领寓于知识传授、能力培养之中，引导学生树立正确的世界观、人生观、价值观，有效实现专业教育与思想政治教育的有机融合，形成以树人为核心，以立德为根本的全方位大思政立体育人格局。

育人目标：立足首都，服务京津冀，培养具有高度文化自信和文化自觉，以传承中华文明、保护文化遗产为使命的应用型史学人才。

立足首都，就是要瞄准北京全国文化中心的人才需求，聚焦首都"四个文化"（古都文化、红色文化、京味文化、创新文化）建设，服务京津冀。

培养高度文化自信和文化自觉，就是要做到学史明理、学史增信、学史崇德、学史力行。

以传承中华文明、保护文化遗产为使命，就是贯彻联大应用型人才培养定位和发扬光大联大历史学专业多年来文化遗产保护与利用应用史学人才培养的特色。

专业培养目标：面向文化遗产保护与利用事业第一线，培养具有中国特色社会主义道路自信、理论自信、制度自信、文化自信的坚定信念，具有历史学和文化遗产学扎实基础、专门知识和基本技能，具备人文素养、科学思维以及先进的文化遗产保护理念，具有爱国敬业、诚信友善的道德品质，能够在政府文化遗产管理与保护部门及相关新闻出版、文教、文创与旅游等企事业单位或领域，从事文化遗产调查、评估、管理、保护、宣传、利用以及教学工作的高素质复合应用型史学人才。

（二）核心素养

以史为鉴，学史明志，聚焦遗产，服务北京。

以史为鉴，强化课程中的现实对照意义，结合历史学专业知识教育，引导学生从历史与现实对照维度，掌握马克思主义世界观和方法论，深刻理解习近平新时代中国特色社会主义思想与社会主义核心价值观。学史明志，突出价值引领，发挥以史育人作用，在教学中着重揭示中华文明讲仁爱、重民本、守诚信、崇正义、尚和合、求大同的精神特质和发展形态，阐明中国道路的深厚文化底蕴，使学生深刻理解专业发展与传承弘扬中华民族优秀文化间的深刻联系，坚定树立学习研究历史、保护利用文化遗产的责任意识。聚焦遗产，服务北京，最终落实到本专业长期形成的人才培养定位和特色应用方向上，为首都历史文化遗产保护培养高素质复合型人才。

二、专业思政建设的思路和举措

（一）构建依托学科、面向应用、服务首都的文化遗产保护与利用人才培养体系

基于联大城市型、应用型大学的办学定位，以立德树人为根本，在坚守史学专业核心能力培养基础上，本专业确定了文化遗产保护与利用的应用方向，把反映历史学专业核心素养要求的思政目标列入专业人才培养方案。落实OBE（Outcomes Based Education，基于学习产出的教育模式）教育理念，以学生为中心深入开展教育教学改革，把握对学生的价值引领、知识应用、能力培养的主线，将思想政治教育、创新创业教育融入人才培养全过程，建设具有地方文化特色和"新文科"特征的一流历史学本科专业，从而成为首都文化遗产行业人才培养重要基地，在高校应用史学方向探索和实践方面起到示范引领作用。

（二）建构专业课程地图，打造层次递进的育人路径

1.专业课程地图体现了"三位一体"的育人理念

历史学专业课程体系层次递进地贯彻了"价值塑造、知识传授、能力培养"的"三位一体"育人理念，见图1。

认真梳理不同学习阶段、不同模块课程所蕴含的思政教育元素和所承载的思政教育功能可发现，三组课程群依据课程内容特点设计了不同的思政融入路径。如大学一、二年级通过讲授中外两大通史领衔的历史学专业基础课，使学生了解中国与世界历史，掌握历史发展的脉络，知晓重大的历史事件和人物，加强学生史德和史识的修养，使学生能够以史为鉴，把握历史发展规律，理解当下中国社会体制的优越性与历史渊源，树立文化自

高校历史学专业课程思政 *研究与实践*

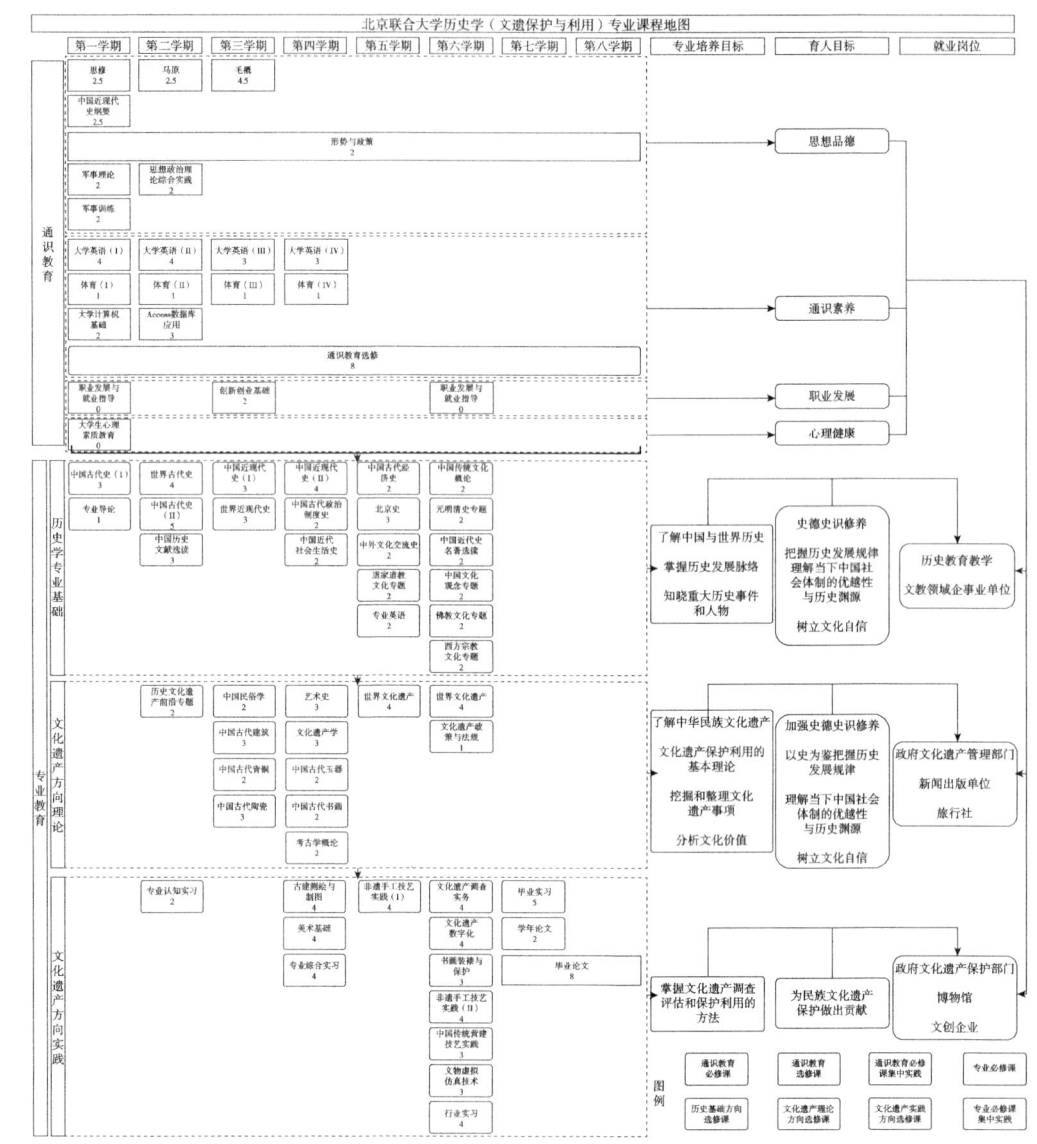

图1 历史学专业课程地图

信。大学二年级、三年级通过讲授文化遗产学领衔的专业方向理论课，介绍中华民族极其丰富的文化遗产和文化遗产保护利用的基本理论，挖掘和整理文化遗产事项，对其文化价值进行充分分析，使学生对民众的智慧、工匠精神和社会主义核心价值观有更深刻的理解，充分认识到作为未来文化遗产保护工作者光荣的使命与担当，为建设和谐社会提供正能量。大学三年级、四年级通过讲授文化遗产保护实务领衔的专业实践课，使学生将所学理论知识运用于文化遗产保护实践，掌握文化遗产调查评估和保护利用的方法，为民族文化遗产保护作出贡献，同时锻炼学生团结协作、吃苦耐劳的意志和综合解决问题的能力。

2.专业课程地图体现了以行业需求为导向的办学定位

基于OBE理念，本专业围绕应用型史学人才的培养目标和文化遗产保护与利用的应用方向，构建了"史学基础+文遗保护理论+文遗保护实践"的课程体系。课程设置文理交叉，突出综合能力和实践能力，体现了新文科的专业特色，见图2。

课程设置与行业能力需求的关系

文化遗产保护与管理	文化遗产资源研究、教学	文化遗产开发与利用	行业依托
市区县文保中心 园林管理处 名城办	研究所 博物馆 中小学	文化创意、文化传播企事业单位	就业岗位
文化遗产学 文化遗产政策与法规 文化遗产调查实务 中国古代建筑 文物保护概论 ……	中国通史 世界通史 史学导论 博物馆学概论 中国历史文献选读 ……	传统手工技艺实践 文化遗产数字化 文化遗产虚拟仿真技术 艺术学 ……	支撑课程

图2 课程设置与行业能力需求的关系

3.专业课程地图体现了应用史学的课程创新

自2007年起，联大在国内高校中率先研发、开设了文化遗产理论课程模块和实践课程模块，支撑了文遗保护与利用专业应用方向的人才培养，见图3。

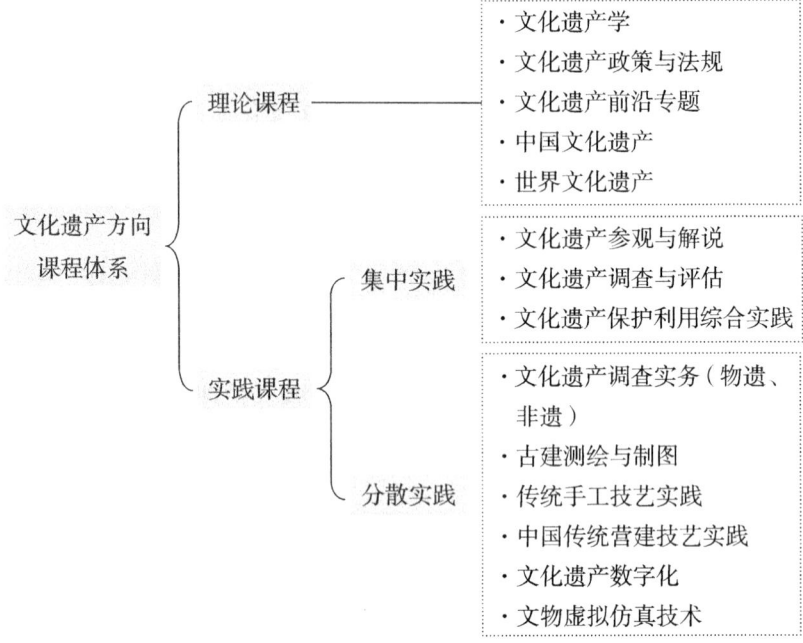

图3 本专业开发的文化遗产理论课程和实践课程

（三）塑造铸魂育人的高素质教师队伍

全面推进课程思政建设，全面提高教师队伍的综合素质、专业化水平和创新能力，着力打造一支政治素质过硬、业务能力精湛、育人水平高超的专业化创新型教师队伍。

1.坚持教育者先受教育

围绕课程思政、专业思政和"三全育人"（即全员育人、全程育人、全方位育人）工作开展理论研究和实践探索，使教师在思想认识上形成全员育人的共识，在专业发展上提升有效育人的能力，更好地担当起学生健康成长指导者和引路人的责任。教研室常态化开展教育教学研讨活动，认真讨论每门课程的思政融入点，见表1。发掘历史和文化遗产教学中的思政元素，通过思政教学案例展示、课程思政教学竞赛，编辑专业课程思政教学论文集、案例集，建设优秀育人团队等方式，形成思政教学的氛围，提升课堂教学的品质和育人效果。

表1 历史学教研室的部分思政案例交流

姓　名	讲课题目	备　注
顾　军	从文天祥、杨继盛到于谦——谈谈北京城隍信仰中的正能量	
于　洪	颐和园园林景观中的中国传统文化解读	
吕红梅	苍鹰与乳虎：汉代酷吏的廉政启示	
李若水	承载灿烂文明，彰显民族精神——中国营造学社的文物调查与研究	种子选手
魏亦乐	从元代白话看中华民族文化的"多元一体"	种子选手
尹　凌	以史为鉴：查士丁尼大瘟疫的爆发及其影响	种子选手
李自典	踏寻革命史迹——"三山五园"周边红色文化遗产调查	
李宝明	"闭关锁国"说辩	
李　扬	城市执政的初心与使命——20世纪50年代"新北京"建设实践	
刘　婕	中国画中的风骨与正气	
石竞琳	美美与共——丝绸之路上的中外文化交流与互鉴	

2.重视专业培训和海外交流

积极组织教师参加专题师资培训，鼓励教师积极开展社会实践和国际学术交流。如组织骨干教师参加"高校教师课程思政教学能力培训""全国高校非物质文化遗产教师培训""故宫学培训班""中国高校非遗与文化创意产业培训""青年骨干教师教学能力提升培训"等，提升了教师的专业素质和课堂育人能力。通过"双师型"教师资格认证加强教师实践育人的能力。鼓励教师开展国际学术交流，多位教师赴美国哈佛大学、加州州立大学、日本东京大学、早稻田大学、波兰哥白尼大学等海外知名院校进行访学和考察交流，开阔教师的学术视野，提高教师课程思政的政治站位和比较研究的能力。

3.建设高水平的校外师资队伍

利用专业教师与行业导师的优势互补，构建起全方位育人队伍。为适应"新文科"建设需要，以行业需求为导向调整人才培养方案与课程设置，聘请故宫博物院、国家博物馆、首都博物馆、中国文化遗产研究院、中国艺术研究院等多家单位近20名资深专家为校外导师，建立起跨行业的师资团队。成立跨行业专家教学指导委员会，行业专家深度介入课程设置、实践课程、行业实习全过程，以及毕业论文、学生科研项目等指导过程，为培养适应社会需求、行业需求的复合型应用型人才提供保障。

（四）结合时代特点，聚焦高水平特色教材建设

将教材建设作为专业思政教学资源建设的重点，围绕学校办学定位和本专业的特色，较早在中国传统文化、中国文物古迹、中国民俗、北京文化遗产旅游等领域，配合相关课程出版了一批教材，其中2部教材被评为市级精品教材。以"新理念""新方法""新趋势"指导教材建设，在确立文化遗产应用方向后，又在全国高校中率先开设文化遗产相关课程，并较早编写出版了相关教材和教辅资料，建设了北京文化遗产相关的资源库，丰富了教学资源，力争实现理论体系向教材体系转化，教材体系向教学体系转化，知识体系向学生的价值体系转化，使教材更加体现科学性、前沿性。

（五）打造内容丰富、育人氛围浓厚的第二课堂

第二课堂是第一课堂的深化和拓展，也是专业思政建设全方位育人的重要渠道。历史学专业积极推进本科生导师制，以创建学号家族、读书会、兴趣小组、项目小组、本硕共建等多种形式，开拓和活跃第二课堂，课上课下融为一体，提高了学生对专业的热爱和学习的自觉性、主动性，加强了学生的团结协作精神和积极探索精神。在第二课堂活动中取得的成绩也提升了学生的获得感和自信心。以下为部分案例——

（1）走读北京：分若干专题，如走读"五四"、走读中轴线等。结合北京通史等课程，了解北京深厚的历史文化底蕴和丰富的文化遗产。

（2）"三山五园"周边红色遗产调查与保护：结合中国近现代史、

北京通史等课程，赴"三山五园"周边的抗战红村、红色遗址进行调查，学习北京的革命史和先烈的英雄事迹，进行爱国主义教育。

（3）北京中轴线建筑遗产调查与虚拟复原：结合中国古代建筑、古建测绘、文物虚拟仿真技术等课程，为北京中轴线申遗和全国文化中心建设做贡献。

（4）花园路社区文化共建活动：服务社区，文化惠民。

（5）北京联合大学非遗知识竞赛：宣传祖国的文化遗产。

（6）每年"文化遗产日"举办的非遗校园开放日活动：宣传文化遗产，文化惠民。

（六）厚植和创新实践育人的内容和模式

历史学专业强调实践教学方法在专业思政中的意义，在学习历史与保护文化遗产的实践中融会贯通地开展专业思政建设。在实践中提高学生的思想品质，夯实学生的专业技能。通过与北京文化遗产相结合的实践教学，培养有使命感和文化自信的复合型应用型史学人才。

1.以"层层递进、双创贯穿"为目标，构建了系统的专业实践教学体系

从符合学生认知规律、培养学生锐意进取精神等角度出发，精心设计了层次分明的实践教学体系和螺旋递进、贯穿始终的实践教学模块；将双创教育融入专业实践，构建了具有"使命感、文化性、系统化、模块化"特色的专业集中实践教学体系。在各门专业理论课程中均设置1/3的实验学时，用于设计安排与课程相关的实践项目，形成贯穿大学四年的创新创业教育。

2.以"内外融合、协同育人"为目标，建设了全国一流的专业实践教学平台

以校内国家级应用文科综合实验教学中心和首都博物馆校外人才培养基地为核心搭建了高水平、多基地、多院校联合共建、资源共享的实践教学平台。

3.以个性化人才培养为目标，开创了学历制与师承制相结合的实践教学模式

在全国率先开创了学历教育与师承教育、学校教育与社会教育的有机结合之路，多元化、个性化地培养学生的专业应用能力，并使之更好地与职业发展相结合。在保障学生人文、科学素养和专业理论学习的前提下，精细化分析文化遗产各个行业对人才应用能力的不同需求和不同的培养方式，结合学生的特长和兴趣，分方向小组拜行业专家为导师，个性化、全程化地安排校内外实践教学内容，共同指导学生的行业实习和毕业论文。

4.以"立足首都，服务京津冀"为特色，深度参与北京文化遗产行业实践

发挥北京学高精尖学科对本科教学的支撑作用，以科研带动教学改革，培养学生的学术能力。创建"北京学"实验班，将带领学生参加北京文化遗产保护与利用的科研项目，并将之纳入教学环节中，使学生的专业实践变得真实、更有品质，也更有意义，激发学生参与科研的积极性。

（七）创新教育教学方法手段提升育人成效，建设精品课程

充分贯彻线上线下相结合的教学方法，强化信息技术、人工智能等前沿科技与教育教学的融合，利用慕课、翻转课堂、虚拟仿真教学、建设校级网络资源共享课等教学方法与教学技术，以生动形象的方式等实现专业思政元素的充分融入。

（八）学科专业一体化建设及协同发展创新

重视学科专业一体化建设，团队在科研过程中通过强化科研支持教学意识，吸收本科生参与科研，促成科研成果积极转化为教学资源，促使学科思政有效支撑专业思政，进而实现科研成果支持教学育人。

1.科研项目转化为教学资源，科研成果转化为教学内容

在顾军教授的带领下，育人团队成员李自典、吕红梅、尹凌等老师共同参与"东城区第三次全国文物普查报告""东城区有价值历史建

筑调研报告""北京非物质文化遗产传承人口述史调研""名人旧居纳入文物保护的标准及保护利用导则""北京核心区文保单位使用状况和保存现状调查"等多项科研项目。在研究过程中,形成科研成果《北京非物质文化遗产传承人口述史丛书》《非物质文化遗产保护干部必读》《北京市花园路地区历史与文化研究》《集镇意象——河北霸州胜芳民俗旅游资源调查》等著作及调研报告,这些内容被中国文化遗产、文化遗产学、文化遗产调查实务等课程有效吸收利用,为课堂教学提供了丰富的实践案例。李若水老师对北京辽金佛教寺院的研究成果,成为中国古代建筑等课程的授课内容。李宝明老师关于北京地区抗战历史文化的科研报告成果,充实了中国近现代史课程资源,也推动了北京地区抗战史研究的发展。

2.教师以科研项目带动学生锻炼科研能力,有效提升教学育人成效

形成以导师为中心、本硕结合的"学习家族"模式。导师制与研究生助研、助教相结合,研究生参与本科生培养过程,本硕阶段学生共同成长,合作发表论文、完成项目。学生参与教师的实际科研项目,如北京银山塔林调查与测绘、中轴线建筑遗产调查等,提升实践能力。

指导学生发表论文和参加各类学科竞赛。近3年,本科生发表论文20余篇。

三、专业思政建设成效

(一)专业受益,是应用型史学人才培养的成功范例

自1987年起,本专业在全国高校中率先开始应用型史学人才培养的探索,以立德树人为根本,在坚守史学专业核心能力培养的基础上,确定了文化遗产保护与利用的应用方向,立足首都,服务京津冀,构建了较为完善系统的实践教学体系以及全国一流的专业实践教学平台,成为首都文化遗产行业人才培养的重要基地,在高校应用史学方向探索和实践方面起到了示范引领作用,招生就业两旺,专业建设成果丰硕,见表2。

表2　近年来的专业建设成果

年份	专业建设成果
2009	获批北京市特色专业
2010	获批市级校外人才培养基地（首都博物馆）
2011	获批国家级应用文科综合实验教学示范中心
2013	获批教育部专业综合改革试点
2013	获北京市高等教育教学成果二等奖（两项）
2016	获批国家级文化遗产传承应用虚拟仿真实验教学中心
2019	获批北京学市级高精尖学科
2020	获批北京市一流本科专业

（二）教师受益，形成和谐、拼搏、创新的教师团队

本专业的教师队伍形成了和谐、拼搏、创新的团队精神，拥有北京市教学名师、北京市"高创"计划教学名师、北京市"四个一批"人才、北京市青年骨干教师、北京市先进教师、北京市师德先进个人、青年拔尖人才、首都高校社会实践先进工作者、三全育人先进个人等称号。本专业的教师队伍是北京市学术创新团队、北京市优秀教学团队。李若水老师被推选为海淀区人大代表，尹凌老师被学生推选为北京联合大学学生最爱戴的老师。

在专业思政的教学实践中，历史学专业教师成果丰硕，包括"课程思政"教学设计大赛一等奖1人次、二等奖3人次、三等奖3人次，教授风采奖1人次（顾军）；主持完成院级"课程思政"专项教学改革项目1项，教师发表思政类论文10余篇。教改项目是历史学专业思政建设取得扎实进展的领域之一，2016年以来共获得省部级以上教改项目7项。

（三）教学受益，建设了一批高水平优质课程及配套教材和教学资源

以"新理念""新方法""新趋势"指导课程建设和教材建设，打造"金课"和高质量教材。其中，1门课程被评为市级精品课程，2门课程被评为校级精品课程，建设了中国古代文明、世界古代文明的校级网络资源共享课，近3年共有4门课程获得校级专业核心课程建设立项。出版教材10部，其中北京市精品教材2部，《非物质文化遗产学》（苑利、顾军著，高等教育出版社，2009年）等教材已被上百所高校选用。培养方案中每门课程都有配套的多媒体课件及网络学堂。

（四）学生受益，第二课堂活跃，育人成果突出

第二课堂活跃，学生学习和科研活动成绩突出。近5年，获得"挑战杯"国家级三等奖1项，市级特等奖1项、二等奖3项；"互联网+"大学生创新创业大赛市级三等奖2项；电子商务"三创"大赛市级三等奖1项；北京高校社会实践优秀成果奖2项。入选北京市教委本科毕业论文"实培计划"5项；启明星项目立项国家级6项，市级62项，校级80余项。在联大"致用杯"大学生创新创业竞赛中获二等奖1次、三等奖1次。李宝明老师指导的"海淀区抗战遗址调查"团队获得共青团北京联合大学2017年暑期社会实践优秀团队称号，其成果获得2017年暑期社会实践优秀成果奖。近年来，学生参与教师科研项目近30项，发表论文20余篇。

毕业生社会反响良好。毕业生就业专业对口率高，就业质量优秀，发展前景好。近5年平均就业率98%以上，80%的毕业生从事专业对口工作，主要集中在北京市文化系统、中小学。典型就业单位包括北京市文物系统（160人），故宫博物院（20人），国家博物馆（22人），首都博物馆（19人）。历史学专业毕业生在相关单位中有"进得来，留得住，干得好"的良好声誉，95%的用人单位给出"具有社会责任感、实践能力强、创新精神好"的评价。北京市文物系统公布的"十三五"优秀人才名单29人中，有5人是我校历史学专业毕业生。学校委托麦可思对毕业生的调查显示，本专业毕业生对专业培养目标和课程体系满意度达到90%以上，对集中实践环节和核心课程给予了高度评价。

（五）学科受益，学科专业一体化建设协同发展

历史学专业以中国史学术硕士点、考古学学术硕士点和文物与博物馆专业硕士点为依托，强化科研支撑教学意识，同时，教学成果特别是实践教学成果也转化为学术成果，加强了学科的建设。学生积极参与教师科研活动，教学相长，助力科研成果的产生。科研成果转化为教学资源，促使学科思政和专业思政形成良性互动，进而实现科研工作和教书育人的双赢。2019年中国史学科和考古学学科作为主要支撑学科的北京学入选市级

高精尖学科。2013—2022年，团队14名成员共主持校级以上各类科研项目30余项，其中，国家社科基金项目10项，省部级项目14项。

（六）地方和行业受益，文化惠民，社会影响广泛

1. 服务北京文化建设工程

教学团队带领学生积极承担并参与北京乃至全国文化遗产行业的实际工作，如承担北京市东城区第三次全国文物普查、北京市西城区第一次全国可移动文物普查、北京市非遗传承人口述史调研、北京市工业遗产调查、北京市历史近现代建筑调查、东城区历史建筑调查、北京核心区文保单位使用状况和保存现状调查、名人旧居纳入文物保护的标准及保护利用导则制定、北京市第九批文保单位遴选推荐、三山五园周边红色遗产调查与保护研究等30余个项目，致力于解决目前文化遗产保护与利用中的实际社会问题。与北京市海淀区文化发展促进中心合作，成立"三山五园"研究院，建设北京"三山五园"文献馆、数字体验馆；承担北京市哲社规划基地多项重点和一般课题，为北京地区"三山五园"文化建设提供文献研究支撑。

2. 通过媒体传播，扩大社会影响

如张勃老师作为北京电视台大型人文地理纪录片《大西山》（10集）和《永定河》（8集）的文史顾问，为纪录片的拍摄提供学术支持。顾军、李自典、张勃老师参加了《这里是北京》的过年习俗系列文化篇的拍摄，顾军老师就非物质文化遗产学科建设和系列教材建设接受《中国艺术报》采访，等等，扩大了社会影响。

3. 开发中小学传统文化综合素质教育资源

承担北京市古代建筑设计研究所中轴线文献整理与研究项目，完成小学中轴线历史文化校本教材建设，协助北京市九一小学策划开发"三山五园"系列校本课程和实践课程，参加编写人民出版社出版的《中小学非物质文化遗产通识教育读本》。

4. 服务社区文化建设

以"三全育人"为导向,每年文化遗产日面向社区和社会组织文化遗产保护和利用系列文化惠民活动,教师到周边中小学开展北京文化系列讲座,服务社区,反馈社会,反响热烈;编写和出版了《北京市花园路地区历史与文化研究》,为地方文化建设作出了一定的贡献。

5. 校企合作得到教育部高度肯定

2018年,在教育部组织的本科教学审核评估过程中,故宫博物院、首都博物馆等校外人才培养基地作为我系用人单位,得到评估专家一致好评。例如,专家认为"故宫博物院作为北京联合大学的校外人才培养基地,是所有考察单位中最能体现育人特点及合作关系的单位"。

新文科背景下历史学学科人才培养模式的革新与优化

——基于北京联合大学历史学学科的实践探索

傅凤英[*]　顾　军

摘　要：新文科建设是为了适应新时代发展的需要，国家对学科建设提出的要求，是对文科人才培养模式的全新设想。新文科建设的主旨是消除各学科之间的壁垒，推进各相关学科之间的交叉、融合。新文科建设的提出，与长期以来"重理轻文"的社会现象、传统文科自身发展的局限性以及传统文科自身发展的内在必然性都息息相关。国内新文科的产生，是国家"四新"学科即新工科、新医科、新农科、新文科建设的重要组成部分。新文科建设，成为高校探索范式创新的聚焦点。北京联合大学历史学学科较早关注新文科建设思潮的动态，并较早地试行跨学科融合的探索，以为北京文化建设、文化遗产保护服务为宗旨，在人才培养模式上走出了自己的实践创新之路。

关键词：新文科；历史学；人才培养模式；实践探索

新文科建设是为了适应新时代发展的需要，适应国家对学科建设提出的要求。新文科建设是在新时期对文科学科内涵的全新定义，对文科人才培养模式的全新设想。新文科建设的主旨是消除各学科之间的壁垒，推进各相关学科之间的交叉、融合。新文科建设并非对传统文科的否定，而是在遵循文科本质特征的基础上，立足于文科建设的客观规律，对文科学科

---

[*] 傅凤英（1971—），女，甘肃陇西人，博士，北京联合大学应用文理学院历史文博系副研究员。

的创新开放性进行探索；意在通过突破传统学科的自我设限，加强学科的融合与创新，并通过相应的专业设置和课程安排完成具有家国情怀和国际化视野的复合型人才的培养任务。新文科建设已经成为大学文科学科人才培养的探索思路，并得到教育部门的倡导和大学的积极响应。作为典型文科的历史学学科，在新文科背景下，探索人才模式的革新和优化，是迫在眉睫的任务。

一、新文科建设提出的背景

新文科建设的提出，与长期以来"重理轻文"的社会现象有着千丝万缕的联系，与传统文科自身发展的局限性、传统文科自身发展的内在必然性也息息相关。

（一）重理轻文的流弊

重理轻文并非源于中国的传统，而是中国当代教育领域的一个典型现象。造成这一现象的原因极其复杂，有着深刻的国内外社会发展背景，深受国内外各种社会政治思潮的影响，具有鲜明的时代特征。

20世纪三四十年代中国教育受"师夷长技"理念的驱使，开始引进西方的自然科学知识与技术，摆脱了古代社会以"四书""五经"为主的伦理道德教育基本范式，传统上"重文轻理"的古典人文教育大一统局面由此被打破，教育经历了一次大的变革，出现了文理相对还算均衡的局面，但重理轻文的端倪已经显现。❶而以20世纪50年代的院系调整为标志，中国大学自"五四"以来的文理相对均衡模式被打破，教育制度重建，高校院系专业大调整。"此次院系调整在奠定了新中国高等教育基本格局的同时，也使得'重理轻文''重实用、轻个性'的倾向走向某种程度的极端化、绝对化，二十世纪五六十年代流行的'学好数理化，走遍天下都不怕'就是这种情状的真实写照。改革开放后，学校教育中'重理轻文'之风并未有所减退，而是因袭相传，继续强化。"❷

---

❶ "一个与中国传统知识体系全不同的，以驾驭自然力为归旨的充分外向的西方近代知识体系，在中国各级各类学校的课程设置及课程标准中，完全占了主干地位。"参见李华兴. 民国教育史[M]. 上海：上海教育出版社，1997：168.

❷ 王建平. 对中国语境下"重理轻文"命题的审思[J]. 高等教育研究，2009（9）：13-17.

客观地讲，文理的严格分科及对理工类的重视，在当时的历史阶段，在短期内为国家培养大批急需的科技工程类人才是非常有效果的，事实上在当时对国家工业化建设是有积极作用的。但从长远来说，这种方式难以培养出全面发展的创新型人才，过于严格的分科忽视了学科之间的关联性，限制了人才的知识广度和眼界，影响了全面性人才的产生。

20世纪八九十年代改革开放新时期，围绕"以经济建设为中心"，技术性人才受到前所未有的青睐，重理轻文的势头有增无减。重理轻文逐渐不局限于教育领域而成为整个社会现象。重理轻文的流弊日益明显。且不说"重理轻文"使得人文教育委顿、低迷，人文精神深深失落，单说到后来，"重理轻文"的模式逐渐演变为"重工轻理""重应用轻基础"，变成了对应用型技术的推崇，而真正的理科基础课也逐渐变成了冷门，形成一种重视工科、轻视理科、漠视文科的教育结构与局面。理工科的热门学科逐渐集中在金融和IT领域，究其实质，是因为这些领域的工资薪酬高，这点成为莘莘学子选择专业时的最大驱动力，也成为全社会轻视文科的总根源。

（二）传统文科自身的不足

长期以来，相对于理工科来说我国高校文科建设处于弱势地位。社会上普遍对学文科的出路不看好，文科生源逐渐萎缩，高校普遍对人文社科类课程重视不够，文科越来越被边缘化。不可否认，文科的衰弱，与"重理轻文"的社会风气以及全社会受教育功利化理念的影响是分不开的，同时也与人文社科类课程自身的局限性息息相关。❶

首先，学科划分过细过窄。这种现象不只存在于文科领域，之前大多学科都有此类问题。这一现象的产生涉及很多方面的复杂原因，比如高校采用的分科系统、所处时代的需求以及社会经济发展的现状等，对高校的

---

❶ 山东师范大学教授孙书文反对将"传统文科的不足"与"新文科出现"看作因果关系，简单地联系起来。孙书文表示，"一个时代有一个时代的文科。传统文科教育完成了其担负的历史使命；新文科的提出，是时代赋予的新使命，两者并不是简单的替代关系"。（陈鹏. "新文科"要培养什么样的人才[N]. 光明日报，2019-5-20（08）.）笔者认为，二者之间的确也不是简单的替代关系，都有其时代的必然性和合理性。但也不妨碍前者成为后者产生的背景因素之一。

学科设置和分化都产生了直接或间接的影响。专业划分过细过窄，尽管在当时实属无奈的情况下细分了具体目标，在短期内提高了研究效率，但随之出现了学科之间过于封闭、知识面过于狭窄、视野不够宽广的弊端。在传统文科之间，这种隔阂尤为明显。比如文史哲之间也形成了一道壁垒，学文学的不问史，学历史的不究思，学哲学的只重理。"传统文科重视专业培养，专业划分明显，学科建设任务清晰，但是人才培养难以博通，容易形成专业壁垒，制约人才全面发展。"[1]

其次，传统文科还存在学科定位不明确、专业特色不明显、对社会现实观照不力等不足。这主要体现在：第一，专业培养上创新性不足，与科技信息时代结合能力弱。第二，学术研究上原创性不突出，对新的历史时期出现的重大理论和实际问题回应不力，学术研究前瞻性不强。研究成果只有数量缺乏质量，体现为要么老生常谈、了无新意，要么肤浅地迎合时代、生搬硬套，缺乏真正的潜心研究者，缺乏有真知灼见的大师级学者，缺乏有洞见的思想和理论等。第三，对文科成果的评价体系不科学，特别是当代，对文科的评价系统基本上与理工科趋同，没有观照到文科和理工科的社会效用在本质上的不同。

当然，新文科的产生也是传统文科自身的内在发展和外在的社会需求推动的必然。社会的发展是自然科学和人文社会科学的共同发展，社会的进步离不开人文社会科学。人文科学有其自身的传统和特色，但并不是一成不变的，而是永远在动态中找平衡。随着时代的发展变化，随着人们对人文社会科学需求的多样化和差别化，创新和发展也成为人文社会科学的内在需求。当然，新文科建设的主旨并不是否定自身，并不意味着放弃自身的知识体系和学科特色，而是在传统文科知识积累的基础上，立足于时代，在保持自身本色的前提下，以发展的眼光审视自身的优势和劣势，扬长避短，克服自身的不足，实现自身的超越和创新。特别是在当前高速发展的信息互联网时代，社会需要高素质的复合型人才，新文科建设要通过跨学科融合、多学科交叉，在学科研究领域、方法等方面，与时俱进，实现自身的革新与优化，提升自身在支撑国民经济与社会发展方面的能力。

---

[1] 陈鹏."新文科"要培养什么样的人才[N].光明日报，2019-05-20（8）.

同时，紧紧围绕人文社会科学的特殊使命，立德树人，重在提高学生的人文素质，树立正确的人生观、价值观和世界观，培养学生独立的思考能力，培养学生的家国情怀和民族自信。

二、新文科概念的提出

事实上，新文科建设是一场全球性的教育改革运动。美国、英国、澳大利亚等国家也将创意创新战略作为人文学科转型的重要理念，已经取得一些成果。比如哈佛大学时任校长德鲁·福斯特在2016年访问西点军校的演讲中就强调人文教育对培养领导力的重要性：西点军校致力于人文教育，是有原因的。2020年英国文化委员会的一项调查显示，在国际上，超过半数的领导人持有人文学科或社会科学的学位，有75%的商界领袖表示，最重要的职场技能都与人文学科有关，即分析问题的能力、人与人之间沟通的能力和写作能力。人文学科正是构建自我意识、性格特点及真知灼见的源泉，也是保证领导人与他人交际的内在动力。❶针对当下新一代大学生更追求实用至上的特点，建校于1850年的美国小型文理学院希拉姆学院就旗帜鲜明地提出"新文科"的教育理念，尝试在保留文科教育传统的同时，实现传统文科的时代转型。2014年，该学院修订了学位获取条件，明确要求所有学生必须完成相关的实习项目、海外学习或规定的课题研究后方可获得学位。2017年10月开始，希拉姆学院对培养方案进行全面修订，对29个专业进行重组，即把新技术融入哲学、文学、语言等诸如此类的课程中，为学生提供综合性的跨学科学习。

国内新文科的产生，是国家"四新"学科即新工科、新医科、新农科、新文科建设的重要组成部分。"国家的发展是一个系统工程，它不仅需要建设'新工科'，培养自然科学家，用技术创新促进产业升级，还需要建设'新文科'，培养人文社会科学的科学家，主动回应社会变革问题，为社会发展提供人文社会科学理论的支撑。"❷

2016年5月17日，习近平总书记在哲学社会科学工作座谈会上的重要

---

❶ 哈佛校长：人文教育不可替代[N]. 中国科学报，2016-03-3（11）.

❷ 王铭玉. 新文科：一场文科教育的革命[J]. 上海交通大学学报：哲社版，2020（2）：20-23.

讲话中充分肯定了哲学社会科学的重要性："哲学社会科学是人们认识世界、改造世界的重要工具，是推动历史发展和社会进步的重要力量，其发展水平反映了一个民族的思维能力、精神品格、文明素质，体现了一个国家的综合国力和国际竞争力。一个国家的发展水平，既取决于自然科学发展水平，也取决于哲学社会科学发展水平。一个没有发达的自然科学的国家不可能走在世界前列，一个没有繁荣的哲学社会科学的国家也不可能走在世界前列。"

2018年10月8日，教育部等六部门决定实施"六卓越一拔尖"计划2.0，在基础学科拔尖学生培养计划新增的17个专业中，首次增加了心理学、哲学、中国语言文学、历史学等人文学科，"新文科"概念初步形成。随着"六卓越一拔尖"计划2.0实施，新文科建设引起了社会更广泛的关注。2019年4月29日，教育部、中央政法委、科技部等13个部门在天津联合启动"六卓越一拔尖"计划2.0，全面推进新工科、新医科、新农科、新文科建设，提高高校服务经济社会发展能力。启动大会上，教育部宣布将分三年全面实施这一计划。新工科建设将应对第四次工业革命的需要，加强战略急需人才培养。新医科作为构建健康中国的重要基础，要实现从治疗为主到生命全周期、健康全过程的全覆盖，提升全民健康力。新农科要用现代科学技术改造升级涉农专业，助力打造天蓝水净、食品安全、生活恬静的美丽中国。新文科建设则是要推动哲学社会科学与新科技革命交叉融合，培养新时代的哲学社会科学家，创造光耀时代、光耀世界的中华文化。至此，新文科建设正是启动。

2019年2月26日，教育部召开2018年全国教育事业发展基本情况年度发布会，提出要通过"大力发展新工科、新医科、新农科、新文科，通过大力发展'四个新'，优化学科专业结构，推动形成覆盖全部学科门类的中国特色、世界水平的一流本科专业集群"。新文科建设已经被列入年度工作汇报重点内容。

以此为契机，学术界迅速涌现出一批解读何为"新文科"以及研究新文科建设实施措施的研究成果。典型的如王铭玉、张涛对新文科下的定义："新文科是相对传统文科而言的，是以全球新科技革命、新经济发展、中国特色社会主义进入新时代为背景，突破传统文科的思维模式，以继承与创新、交叉与融合、协同与共享为主要发展建设途径，促进多学科交叉与深度融合，推动传统文科的更新升级，从学科导向转向以需求为导向，从专业分割转向交叉融合，从适应服务转向支撑引领。"❶围绕"新文科"建设的各级各类学术研讨会也逐渐展开，报纸杂志也开辟专栏广泛集结学者们的观点，比如对"新文科"之"新"内涵的讨论。❷各高校还掀起了一轮改革热潮。特别是新文科建设，成为高校探索范式创新的聚焦点。各高校文科专业逐渐探索全面优化专业结构，深化专业综合改革，从激发学生学习兴趣和潜能、提高人才培养质量入手，开展新文科建设实践活动。如北京联合大学历史学学科的试点就很有代表性。

三、北京联合大学历史学学科人才培养模式的革新与优化

历史文博系是北京联合大学最早的系部之一，其前身是1978年建立的北京大学第一分校历史系，2011年改名为历史文博系。作为典型的文科基础学科，且处在高校林立的首都，历史文博系一直面临着自身如何定位的问题。因此，历史文博系较早关注到新文科建设思潮的动态，并较早地试行跨学科融合的探索。

（一）新文科建设改革的探索

我们致力于改变传统史学教育的弊端和就业的弱势，2011年系名由"历史系"改为"历史文博系"就是这一探索的尝试。接着率先在本科阶段进行一系列专业改革：2013年本科阶段分文物与博物馆学和历史学（文化遗产保护与利用）两个方向招生。历史学（文化遗产保护与利用）这一专业是在1978年设立的历史学专业基础上发展而来，除了培养学生具备扎实的历史学基础，同时重在培养学生具有人文素养、科学素养以及先进的文化遗产保护理念，具备从事文化遗产研究、调查、评估、管理、保护、利用等工作的理论知识与实践能力，能胜任文化遗产管理机构、文化创意产业、旅游行业以及历史研究与教学等相关工作的应用型高素质人才。这一专业现为国家级和北京市级专业综合改革试点专业、北京市级特色专

---

❶ 王铭玉，张涛. 高校"新文科"建设：概念与行动 [N]. 中国社会科学报，2019-03-21（5）.

❷ 李永杰. 推动新时期文科建设 [N]. 中国社会科学报，2019-06-03（5）.

业。文物与博物馆学这一专业设立于2013年，同样，除了学生具备扎实的考古学基础，同时重在培养学生具有人文素养、科学素养以及先进的文化遗产保护理念，具备博物馆服务、藏品管理、陈列设计、文物保护修复、文物鉴别能力，能胜任文物博物馆行业实际工作的应用型高素质人才。两个专业都在保留传统基础知识的同时，尽力克服传统专业的"冷门"特性，力求与文化遗产、文物博物馆相结合，让传统专业走向实践，走向现场。这种将传统史学推向现实应用的举措，既调动了学生的学习积极性，也增加了学生的就业机会。

本科的这两个专业，依托的是历史文博系的两个学科即中国史和考古学两个一级学科学术硕士授权点。本科的文物与博物馆学专业依托于考古学学科。除了传统的考古专业方向，本学科也把文化遗产保护与科技考古作为重要的招生方向。2019年，文物与博物馆学专业获批专业硕士授权点，旨在专门培养具有扎实的文博基础理论和专业知识，熟练掌握考古技术及文化遗产保护与修复、故宫学、博物馆学的方法和技能，具有创新能力和发展潜力，能胜任实际工作的高层次应用型人才。

本科的历史学（文化遗产保护与利用）专业则依托中国史学科，力争做到多学科的融合。以研究北京史、社会文化史和文化遗产为特色，秉承服务国家文化遗产保护与利用事业第一线，依托学科，面向应用，以生为本，综合育人，服务首都的办学理念，重点培养学生在文化遗产普查、评估、资源库建设、项目申报与日常维护管理等方面的能力，同时坚持产学研用相结合，以与文化遗产相关的应用性项目为纽带，在真题真做、为行业服务中培养跨学科应用型人才。

历史学学科广泛整合校内研究基地资源，从课程设置到培养目标再到申报课题等过程，与市级研究基地如北京市哲学社会科学研究基地——北京学研究基地、北京市非物质文化遗产研究基地、京台文化交流研究中心，校级研究机构三山五园研究院、台湾研究院、文化遗产研究所、考古学研究中心、民族与宗教研究所等都有深度合作。学科人员以历史文博系教师为核心，整合了校内外以上研究机构的师资力量，在研究和教学人员上也实行跨学科融合。

历史学学科注重多学科融合的实践教学平台建设，建立有国家级科研和教学平台，拥有国家级实验教学示范中心——应用文科综合实验教学中心和国家级虚拟仿真实验教学中心——文化遗产传承应用虚拟仿真实验教学中心，为学生提供校内实验场所；重视与国内外高水平大学、研究机构和文博单位等合作办学，在国内正式签订了10多个校外人才培养基地，包括故宫博物院、首都博物馆、北京市古代建筑研究所等，其中首都博物馆校外人才培养基地为北京市级校外人才培养基地。历史文博系还与故宫博物院、北京国际职业教育学校合作开展了"3+2+2"贯通式文物修复人才培养模式，为硕士点培养后备军。同时，还与故宫博物院、国家博物馆、首都博物馆等单位深度合作，设立了文化遗产保护与修复试点班，全方位培养符合新文科建设要求的多学科融合的应用型人才。

（二）为北京文化建设、文化遗产保护服务

近年来，我校历史学学科跨学科融合发展优势进一步凸显，初步形成城市历史文化遗产研究的北京学体系。学科围绕"北京学跨学科创新人才培养模式探索与实践"这个主题，通过对以北京为代表的中国区域社会文化史和文化地理研究，深入分析北京在中国乃至世界文明发展中的独特历史地位、社会架构、文化特质，研究社会各个阶层，特别是普通民众的物质文化史和精神文化史。其特色是将社会学的研究方法和文化史的研究视角相结合，将区域文化的小历史与中国社会发展的大历史研究相结合，将历史文献和田野调查资料、民众口述史资料相结合。学科充分发挥市属院校区位优势，注重北京历史文化的理论研究和对策性研究，服务北京地方文化建设，为政府提供政策咨询和对策建议。学科团队主持编著和出版了"北京文化史丛书"、"北京非物质文化遗产传承人口述史丛书"、《图说北京城》等标志性成果，完成大量市文物局、文化局、宗教局、台湾事务办公室等政府机构委托的科研和调研项目，成为北京及京津冀区域历史文化建设、历史遗产保护的重要力量，在国内学术界和相关行业有较大影响。

文化遗产调查评估与保护是文化遗产相关行业的基础性工作，也是各级文化遗产保护单位的日常工作。本学科围绕北京文化遗产保护与利用的实际需求，以历史学为根基，培养学生多方面的应用能力。培养的重点在于文化遗产调查的基本理论与方法、调查数据的整理与统计学分析、遗产

价值量化评估标准的设定、遗产的申报与管理，同时也涵盖物质遗产的保护技术。特色是物质文化遗产和非物质文化遗产兼顾，理论和实践教学并重，以提升职业能力为目标、以行业实际需求为导向、以与文化遗产相关的应用性项目为核心，联合相关政府机构和文博行业单位，培养学生的行业实践能力、创新能力和团队合作精神，培养文化遗产事业紧缺的高层次应用型人才。

本学科在城市历史文化遗产内涵挖掘、遗产保护以及数字化建设和数字化展示、传播等研究方向都取得不少创新性成果。如"北京代表性建筑：明清官式建筑和四合院民居建筑的文物调查与测绘"，文物摄影、文物档案制作等，在文献研究和田野调查的基础上实现文物的3D虚拟复原，还有将GIS系统运用到文物分布的表达上，将文物普查的成果直观地展示出来。这就要求：一方面从事基础学科研究的学生要掌握一定的实践操作技能，文科学生要了解甚至掌握当今时代的相关前沿技术；另一方面就是不同专业的学生合作完成一个综合项目，各展所长，相互配合、融合，使各学科的学生在合作中相互了解和相互学习。

历史学学科注重多学科交叉研究，紧跟国际文化产业发展潮流，积极探索历史文化与科技融合之路。学科团队除历史学外，兼备文化遗产学、文化遗产数字化、考古学、人文地理学等不同学科背景与专长，通过多学科交叉研究，利用国际先进技术与设备，建立国家级应用文科综合实验教学中心、文化遗产传承应用虚拟仿真实验教学中心，建成三山五园数字体验馆等，能够多层次、多手段发掘和展示、传承与保护历史文化遗产。本学科在历史遗产保护与利用的人才培养方面独树一帜，成果突出。本学科所支撑的历史学专业被评为教育部专业综合改革试点和北京市特色专业，这反映了历史学专业新文科建设的探索成果和在人才培养模式的创新与优化探索中所做的努力。

历史学专业课程体系与教学内容整体优化刍议

李宝明[*]

摘　要：课程设置应着眼于对学生历史学基本能力的训练，原有课程必须做出适当的裁减。裁减的标准应紧紧围绕学生的能力培养，而不是学生的知识体系的全面性。限选课程的设置应该宽泛，不宜集中于一个方向。在强调应用性和动手能力的同时，不可放弃对学生必要理论知识的讲授。

关键词：历史学；课程体系；教学内容；整体优化

历史学专业培养计划已经实施近十年，师生反映普遍较好，但亦存在一些值得深入思考的问题：教师如何在注重传授知识的同时，提高学生史料解读、文字写作的能力；如何激发学生学习的积极性和主动性，开发学生自主学习的潜力。思考和研究这些问题对于提高毕业生的质量、提高学校知名度均具有重要意义。

在多次召开任课教师和学生座谈会，了解他们建议和意见的同时，我们也关注了同类院校历史学专业的培养方案和课程体系，以下就新版培养计划的课程体系和教学内容优化提出几点思考。

---

[*] 李宝明，博士，北京联合大学应用文理学院历史文博系副教授。研究方向：中国近现代史。

一、学科大类课程

（一）课程设置需要注意的问题

1.着眼于对学生历史学基本能力的训练，包括史料的搜集能力、史料的解读能力、语言的组织能力

首先，这些能力是历史学专业学生应该具备的基本能力，是历史学专业区别于其他专业的重要特征。其次，这些能力对学生走向社会从事任何一项工作都有重要意义。因为我们生活在信息社会，从一定意义上说，任何社会工作都包含搜集信息、分析信息、整合信息的过程。因此，在教学过程中，应特别重视对学生上述能力的训练。毋庸讳言，这一训练是比较枯燥的，但是决不可以因噎废食。一是，从学生的长远发展而言，能力训练比历史知识的记忆更为重要。二是，训练过程也是培养学生吃苦精神的重要环节。

2.优化骨干课程

在减轻学生负担、减少总学分的大前提下，原有课程必须作出适当的裁减。裁减的标准应紧紧围绕学生的能力培养，而不是学生的知识体系的全面性。

（二）教学内容的优化

相较于科研型大学，联大历史学专业课程的学分和学时是偏少的。在这样的前提下，还必须进一步减少学分和学时。对此，教师们普遍反映课程内容难以完成。从知识结构的系统性角度而言，教师们的意见是有一定道理的，但是从学生能力训练的角度和促使学生自学的角度来看，上述意见颇有可以商榷之处。我们不妨转换思路，采用专题授课的方式，对课程内容进行高度概括、系统梳理、深入分析。比如，几乎每个朝代都有农民起义。我们可以把它作为一个专题进行讨论。在梳理各个朝代农民起义资料的基础上，比较他们在起义背景、动员手段、土地分配、与士绅关系、政权建设等方面的异同，进一步分析其深层次原因。正式授课前，可以把学生分成若干学习小组，每组准备一个问题，收集资料、撰写发言稿，促使学生动手、动脑。这样一来，可以保证完成重要内容的教学，同时也可

以调动学生学习的积极性。

（三）课程的设置建议

历史学专业确定的是文化遗产方向。因此，在学科大类课程设置中必须考虑如何服务专业方向。众所周知，物质文化遗产包含有三大价值，即历史、艺术、科学价值。其中，历史价值无疑是文化遗产最重要的价值。这一价值在课程中如何体现？我们首先要明确的是什么是历史价值。所谓历史价值，主要指在历史长河中所反映的时代特征，对历史发展所产生的积极影响或者事物本身所具有的特殊意义。历史价值主要由学科大类基础课程来实现。我们以中国古代史和世界古代史为基础课程，同时以世界近现代史和中国近现代史课程作为重要组成部分。

二、专业必修课程

（一）课程设置需要注意的问题

1.联大的办学方针

联大是一所地方型应用型大学，致力于培养服务北京的复合型人才，在课程设置方面也应该有相应特色，课程设置应集中在专门史领域。

2.学生的学习能力

从目前生源的实际情况来看，理论学习能力、思考能力并非学生强项。因此，不宜设置理论性较强的课程。

（二）教学内容的优化

历史学专业方向定位于文化遗产。文化遗产包罗万象，作为一个专业方向，本科四年的教育不可能面面俱到，应该有所选择和侧重。我们认为，"文化"遗产的重心是"文化"。尽管学术界对"文化"的定义多达上百种，但作为本科教学，必修抓住其最基本的精神内核。"文化"的表现形式可以多种多样，但是各个民族之间的文化之所以不同，是因为这些表现形式所体现的民族思维模式、思想情感不同。基于这一理解，我们在课程内容的设置和设计中必须充分体现中国传统思维模式、思想情感。比如等级观念，它体现在传统墓葬制度中的棺椁数量、墓道雕像、墓室陪葬品等方面，也体现在传统建筑中的民居大门、屋顶、彩绘等方面，还体现在官服的饰品、颜色、图案等方面。

（三）课程的设置建议

首先，我们开设中国文化观念专题课程，讲述中华民族的礼仪观念、等级观念、血缘观念、皇权观念、三从四德观念、谋略观念等。上述观念是中华民族特有的，至少是与其他民族有着很大不同的。只有了解这些前提，才能理解文化遗产体现的是什么"文化"，了解中华民族不同于其他民族之所在。

其次，开设文化遗产学课程，包括基础理论（如文化遗产田野调查和研究方法，文化遗产资源及价值认定，与文化遗产保护、管理、利用相关的社会理论，文化遗产的相关法律研究等）；各类具体的文化遗产事项（如不同类型的文化遗产的时间、空间、结构、形态、内涵、功能、传承、演变、特征、价值原真性、生存环境、保护方法、利用形式等方面）。

再次，开设非物质文化遗产课程。所谓非物质文化遗产，是指各族人民世代相传并视其为文化遗产组成部分的各种传统文化表现形式，以及与传统文化表现形式相关的实物和场所。具体而言，它包括：传统口头文学以及属于传统口头文学组成部分的语言；传统美术、书法、音乐、舞蹈、戏剧和曲艺；传统技艺、医药和历法；传统礼仪、节庆等民俗；传统体育、游艺和杂技等。上述内容在教学中不可能面面俱到地向学生逐一介绍，该课程应主要向学生介绍各种遗产形式的申报要点、注意事项等。

最后，开设文化遗产普查课程，回顾中华人民共和国成立以来文化遗产调查、采录的简要历史；了解普查工作的目的、性质和意义；掌握普查的指导原则；学习普查的步骤与方法以及普查中应注意的事项；熟悉普查中的采集、成果撰写、验收等各个环节。

三、专业限选课程

（一）课程设置需要注意的问题

要充分考虑到学生的就业需求。学生在大学四年的学习过程中，就业兴趣的转移并不鲜见，加之近年来就业形势日益严峻，因此限选课程的设置应该宽泛，不宜集中于一个方向。

（二）教学内容的优化

限选课程的学分较少，对大多数课程而言，按照传统的授课方式都无法完成全部教学任务。如古代陶瓷、古代青铜器、古代书画等课程，仅通过32学时的授课，甚至无法完成课程体系中基本内容的教学。为此，在课程内容的选择上，应该考虑的首要问题是如何最大程度地激发学生自学的兴趣；其次，才是基本知识的讲授，而不是把知识的系统讲授放在第一位。我们曾经尝试按照朝代来划分章节或专题，逐一讲述各个朝代文物的特点，比较各个朝代的异同，但由于学时的限制，不仅无法做到重点突出，而且很多情况下只能是蜻蜓点水。同时，过于理论化的教学对激发学生进一步自学的兴趣作用不大，学生往往盼着课程早点结束。我们不妨转化一下思路。比如古代陶瓷，我们可以从欣赏、鉴赏的角度展开讲述。具体而言，可分为釉质、颜料、形状、图案等若干专题，在讲到釉质时，可以提醒学生弄清楚釉质在不同时代的不同特点，至于详细内容，可由学生自学。课程结束后，学生最大的收获应该是从哪几个方面来评价一件瓷器的历史价值、艺术价值和科学价值。

（三）课程的设置建议

在紧紧围绕文化遗产方向的前提下，可以至少设置以下几类课程群，供学生选择。

（1）中国文物课程群。以全国各综合性博物馆收藏文物为参照对象进行分类设置，主要有古代陶瓷、古代青铜器、古代书画、古代钱币等。此类课程将满足学生从事文物研究或博物馆讲解工作的需求。

（2）中外文化遗产课程群。设置中外饮食、服饰、园林、宗教建筑、民居、节日文化等课程。此类课程主要考虑到当今和未来旅游的趋向，满足学生从事文化遗产宣传介绍工作的需求。

（3）旅游课程群。设置旅游学概论、旅游法规、导游基本技能、旅行社经营与管理、旅游地理学、旅游心理学等课程。此类课程主要满足学生从事文化旅游管理和宣传工作的需求。

（4）博物馆业务课程。设置文物征集、文物收藏与运输、文物展陈等课程，满足学生从事博物馆管理与服务工作的需求。

（5）文物保护和管理类课程群。设置大遗址保护、文化街区保护等课程，主要针对历史上遗留下来的古遗址、古墓葬、古建筑、石窟寺、石刻、壁画，近现代重要史迹和代表性建筑等不可移动文物，以及在建筑式样、分布或与环境景色结合方面具有突出普遍价值的历史文化名城、街区和村镇，通过对国外先进文物管理和保护理念、法律、制度、规章、技术、方法的介绍，满足学生从事文化遗产管理和保护工作的需求。

（6）文物修复类课程群。设置金属文物、陶瓷文化、书画、古籍等修复课程，主要介绍中国传统手工文物修复技术和"修旧如旧"等理念，通过实际动手操作，可以给学生带来直接经验、技术方法、感性认识，让他们更加感性地熟悉文化遗产的材质、具体成分及其特征，从制造科学的角度体会制作一件藏品或创作一件艺术品的艰辛历程，能够用独特的职业眼光来看待文物、尊敬文物。

（7）博物馆数字化课程群。设置文物展示数字化、文物虚拟修复等课程，主要利用电脑软件虚拟展示和修复文物，适应文物展示的时代发展新特点。

四、几点建议

（1）由学校教务处出面，协调相关专业和学科，为历史学专业开设相关课程。例如，在文物修复课程中，涉及材料学、物理学、化学、生物学等方面的专业知识，这些内容是历史系教师无法完成的，我们应该发挥综合性大学的办学优势，形成互帮互助的教学氛围，为历史学专业的教学提供专业帮助。

（2）在强调学生应用能力和动手能力的同时，不可放弃对必要理论知识的讲授。以文物修复课程群为例，切不可将学生培养成修复"匠"，而要将他们培养成修复"家"，在教学过程中必须有意识地引领他们对文化、对历史、对艺术的感悟。

（3）应充分尊重学生的兴趣和选择。在专业限选课程中，既鼓励学生选择一个课程群的课程，也不能断然拒绝学生在每个课程群只选择一门课程。大学学习的四年时间是短暂的，走出校门，不是学习的终止，至多是校园学习的中止，它更应该是学生带着浓厚的学习兴趣走向社会的开始。

参考文献

[1]贺云翱，毛颖．走近"文化遗产学"：问题与对策——贺云翱教授专访[J]．学人访谈，2011（10）：14-22．

[2]郭桂香．文化遗产保护学科建设进入讨论阶段[N]．中国文物报，2007-04-18．

[3]中国非物质文化遗产保护中心，中国艺术研究院．中国非物质文化遗产普查手册[M]．北京：文化艺术出版社，2007．

[4]王云霞．文化遗产的概念与分类探析[J]．理论月刊，2010（11）：5-9．

[5]王文章．非物质文化遗产概论[M]．北京：文化艺术出版社，2006．

[6]周耀林．法国文化遗产保护高等教育探析[J]．湖北大学成人教育学院学报，2006（6）：20-22．

高校历史学通识课程设置的意义及发展路径探索

李自典*

摘　要：当前，在我国高校中比较普遍地设有历史学通识课程，但对其设置意义认识不同，导致存在重视程度不一、课程内容也不均衡等现象。为顺应我国高校教学改革的发展趋势，充分重视设置历史学通识课程的意义，加强课程内容建设及教学方法路径的探索，对推动当前高校教学工作整体发展具有重要作用。

关键词：通识教育；历史通识课；课程建设

通识教育（General Education）源于古代西方教育中的自由教育（Liberal Education）观念，其核心即崇尚理性、培育心灵、追求真理而获取人的共通价值。[1]到19世纪初期，通识教育发展为现代教育的一种教学理念，其教育实践的范围不断扩大。美国大学通识教育改革先驱赫钦斯曾言："如果没有通识教育，我们就决不能办好一所大学。"[2]在我国，通识教育虽然是一个舶来概念，但它与中国传统文化中的一些教育思想不谋而合，这为它在中国的发展传播奠定了基础。民国时期，通识教育（当

---

* 李自典，历史学博士，北京联合大学应用文理学院历史文博系副教授。

[1] 吴德勤，刘友古，等.通识教育背景下高校德育创新：理论与实践 [M].上海：上海大学出版社，2013，"前言"第1~2页。

[2] 吴德勤，刘友古，等.通识教育背景下高校德育创新：理论与实践 [M].上海：上海大学出版社，2013："前言"第2页。

时也称作通才教育）曾被蔡元培、梅贻琦、潘光旦、朱光潜等教育家引入中国的大学教育并进行实践，提出"任治何种学问，不能'杂'即决不能'专'，不能'专'即决不能'精'也""通识为本、专识为末"等一些著名论断。❶中华人民共和国成立后，中国高校教育一度学习苏联强调专才教育，后随着改革开放，国际交往不断扩大，发展通识教育越来越受到学者们关注，章开沅教授曾指出："通识教育与人文精神是当今世界各国有识之士关心的热点。"❷自20世纪90年代中期始，国家教委推行高校文化素质教育课程，中国的高校通识教育改革由此展开。经过20多年的探索，我国高校通识教育发展取得显著成效，涌现出丰硕的研究成果❸，概观已有成果可见，关于通识教育既有综合研究也有专题研究，尤其是随着通识教育实践改革的深入，关于历史类通识课程相关的具体研究越来越受到学者们关注。这一方面与当前我国高校普遍开设历史类通识课程有关；

---

❶ 杨东平.大学精神[M].沈阳：辽海出版社，2000：226，76.

❷ 章开沅.通识教育与人文精神[J].高等教育研究，1995（2）.

❸ 参考著作：李曼丽.通识教育：一种大学教育观[M].北京：清华大学出版社，1999；吴德勤，刘友古，等.通识教育背景下高校德育创新：理论与实践[M].上海：上海大学出版社，2013；汪霞，钱铭.世界一流大学通识教育课程研究：以美国大学为例[M].南京：南京大学出版社，2017；汪建华.大学通识教育课程变革史论：1912—1948[M].成都：西南交通大学出版社，2020；李忠杰.中国共产党历史通识课[M].北京：中共中央党校出版社，2021.参考论文：周远清.加强文化素质教育提高高等教育质量[J].教学与教材研究，1996（1）：4-7；王定华.哈钦斯通识教育思想述评[J].辽宁高等教育研究，1997（4）：94-96；李曼丽.中国大学通识教育理念及制度的构建反思：1995—2005[J].北京大学教育评论，2006（3）：86-99，190；庞海芍，郇秀红.中国高校通识教育：回顾与展望[J].高校教育管理，2016（1）：12-19；陆一.从"通识教育在中国"到"中国大学的通识教育"：兼论中国大学专业教育与通识教育多种可能的结合[J].中国大学教学，2016（9）：17-25；提大伟.大学历史通识教育探究[J].教育现代化，2017（22）：115-117；沈文钦.本土传统与西方影响：20世纪80年代以来通识教育的制度化进程[J].北京大学教育评论，2018（4）：128-147；潘晓伟.高校世界历史通识教育必要性探析[J].学理论，2019（6）：142-143；许哲娜.大学历史通识课的课程思政实践探索[J].河北广播电视大学学报，2020（5）：70-73；等等.

另一方面也反映出历史通识课在实践中还不完善，需要不断探索发展路径。本文即拟结合教学实践，对高校历史通识课程的建设与发展进行一些探讨，不足之处，恳请方家指正。

一、高校历史通识课程设置的必要性

通识教育理念引入我国，学界比较普遍的观点认为始于20世纪90年代中期，集中的体现即我国开始适应对外开放的发展趋势，在高校推行文化素质教育课程。而后随着经济全球化的发展，培养国际化人才逐渐成为我国大学教育的一个重要主题。《国家中长期教育改革和发展规划纲要（2010—2020年）》中明确提出"适应国家经济社会对外开放的要求，培养大批具有国际视野、通晓国际规则、能够参与国际事务和国际竞争的国际化人才"的教育目标。围绕国际化教育人才培养目标的实现，在高校开设通识教育课程成为一种必然需求。而国际化人才一般应具有本国及世界不同文明知识体系、外语沟通技能、跨文化的思维能力与文化意识以及世界公民意识、态度和价值观等方面的素养。其中，要掌握本国及世界不同文明知识体系的内容，学习本国及外国文明相关的政治、经济、文化、社会等历史知识是非常有效的途径，因此，开设中国文明史、西方文明史及全球文明史等相关课程在高校通识教育中非常具有必要性。

此外，历史学作为人文社会科学的基础学科之一，阐释了人类社会发展的历史进程与发展规律。历史研究是一切社会科学的基础，通过学习历史，可以给人类带来了解过去、把握现在、开创未来的智慧。学习历史，对培养学生的历史观、人生观及价值观具有直接影响。因此，在高校通识教育体系中，历史类通识课程具有重要意义，这对丰富学生的文化知识、提高学生的人文素养、使学生形成正确的意识形态思维以及培养健康的情感态度都有非常重要的作用。

二、高校历史通识课存在问题解析

鉴于历史学课程对通识教育发展的重要作用，目前我国高校中比较普遍地开设了历史通识课。但在实际运行中，各地高校历史通识课存在发展不均衡、课程设置差别大等问题。这种状况是多方面原因综合作用的结果。

第一，对历史通识课的认知理念有差异。尽管自1995年以来，国家对高校学生培养加强了人文素质教育要求，使得高校比较普遍地开设了历史通识课，但由于学校建制等，在一些理工科或者单科类型院校中，以往没有历史等人文专业，因此开设历史通识课只是适应发展形势而为，对其重要性认知不够，重视程度不高，在课程设置上以校选课方式开放给学生选修，一般为1.5~2个学分，学分占比较低，学生选课自由度大，且以专业课为重，因此学生修学历史通识课状况不容乐观，这对培养学生的人文素养也有一定影响。

第二，课程设置不系统。由于教学资源等限制，历史通识课设置的系统性在不同高校间存在一定差异。一般综合性高校尤其是文科实力较强的院校中，历史通识课的设置比较系统，将中国历史与世界历史知识文明体系交融汇通，课程多元，但在一些理工类甚至一些专科类院校中，历史通识课的设置偏于中国史的情况较多，世界历史课程设置比例偏低，而中国历史的课程内容又侧重近现代的历史知识，对古代中国历史关注度不高。这对培养学生的整体历史感及对世界文明的综合认知有不利影响。

第三，师资力量不均衡，课程设置相关制度建设不完善。一般而言，我国综合性高校尤其是文科实力较强的院校中，历史类专业的师资队伍有比较强有力的保障，在开设历史通识课时内容能够做到比较全面系统，而在一些理工类甚至一些专科类院校中则相对缺乏历史类课程师资，使得历史通识课的开设也受到影响，课程内容可能因授课教师的专业方向而受限，不能整体连贯地贯彻通史教育。此外，在通识课选修过程中，由于选课规则、考试规定等相关制度不完善，出现学生为学分而学习的倾向，选择学分少的历史类通识课的人数偏少，这与发展综合素质教育的初衷产生偏差。

三、高校历史通识课程建设路径探索

结合当前国际教育发展的大背景以及我国高校通识教育改革的方针政策可看出，在今后进一步加强高校历史通识课程改革势在必行，针对历史通识课实施过程中存在的问题，笔者从以下方面进行了探索。

第一，强化对历史通识课重要性的认知，在教学理念上形成正确的认识，明确教学目标。英国哲学家培根曾言"读史使人明智"，这也是我们学习历史的最大意义。当前，在高校中开设历史通识课，是顺应经济全球化发展趋势，培养国际化人才的要求，旨在使学生通过对中国历史以及世界历史的学习，把握历史演进的脉络，培养学生的历史思维意识，使学生能够具备广阔的视野，用历史的辩证的眼光更加客观、科学地诠释和解决现实问题。此外，历史是人文社会科学的基础学科之一，其内容博大精深，通过历史通识课的学习，对促进学生形成正确的历史观、价值观、人生观具有重要影响。历史通识课不仅涉及专业历史知识，还蕴含丰富的中外民族精神与文明智慧，对学生道德教育及政治理论培养均有助益，且有利于学生成长为国家与社会需要的全面发展的现代化人才。

第二，不断改进历史通识课的教学设置，创新教学方法，以促进教学目标的有效实现。从课程性质来说，高校历史通识课属于通识教育，这就要求在开设这门课时不同于专业历史课，要依据教学目标，在教学内容设置上注重历史通识教育的融会贯通，注重中国史与世界史的整体系统性，注重历史性与现实性的统一，使学生能够通过该门课程的学习达到知史明智、学史明理的目的。在教学方法上，历史通识课要从面向的学生背景出发，采用丰富多样的教学技术手段，因材施教，激发学生的学习兴趣。在具体的授课过程中，通过多媒体课件形式将文字、图片、影音等资料综合加以运用，增强历史感知意识，进而带动学生积极主动思考。教师还可根据学生学科背景，适当补充地方历史文化或者与学生专业相近的历史知识，以便于通识课与专业课达到互补效果。例如，在理工科或者其他地方专科院校的历史通识课中，可适当选择一些科技史、地方史的内容，便于学生将历史学习与专业学习相结合，增强学生学习的兴趣，有利于学生获得全面知识。在授课过程中，教师还可对学生的疑问进行互动讨论，答疑释惑，为学生提供课后查找阅读的相关参考文献资料，以扩大学生的知识面，深化教学内容，提升教学效果。此外，在考核方式上，历史通识课也可不拘泥于传统的闭卷考核方式，不断探索更加灵活的形式。例如，可以采取撰写小论文或者调查报告方式，引导学生通过课程的学习，对某一学术问题展开深入调查分析，进而形成小论文或研究报告，这不仅可以帮助学生养成良好的学习习惯，锻炼学生的逻辑思维能力，还能够促使学生掌握多学科交叉的研究方法和基本的学术规范。

第三，优化教学资源，推动历史通识课教学质量不断提升。当前，我国高校历史通识课程建设取得了一系列的教学成果，建立起许多优秀教学资源共享平台，这为今后该门课程的开展提供了有力的保障。各高校要充分学习利用这些教学资源，进而结合各校自身机制状况，不断加强历史学科师资队伍建设，形成合理的教学团队，有效解决历史通识课发展不均衡等问题，推动历史通识课教学质量不断提升。此外，各高校在开设历史通识课过程中，要注意整合全校教学资源，协同共进，协调好专业课与通识课之间的关系，处理好历史通识课与其他人文社科通识课的共生利益，合理配置课程，形成良好循环发展，进而达到通识教育的发展目标。随着近年来博物馆事业的大发展，许多优质的历史文化资源以更加直观丰富的形态展示出来，我们可充分利用馆藏资源，引导学生走进历史博物馆，学习丰富的历史文化知识，树立文化自信观念，对提升历史通识课程建设也具有积极作用。

总之，历史通识课是高校通识教育课程体系的重要组成部分，对学生人文综合素质的培养具有重要影响，要从教育理念上切实重视历史通识课的重要意义，在课程内容设置上进一步合理优化，加强系统性，不断创新教学方法，拓展灵活的考核方式，优化利用教学资源，进而不断提升教学质量与教学效果，充分发挥历史通识课的教学作用，达到通识教育的培养目标。

参考文献

[1]杨东平. 大学精神[M]. 沈阳：辽海出版社，2000.

[2]耿向东. 高校历史教学改革的探索与实践：北京师范大学历史学院教学改革文集[M]. 郑州：大象出版社，2007.

[3]吴德勤，刘友古，等. 通识教育背景下高校德育创新：理论与实践[M]. 上海：上海大学出版社，2013.

[4]王小丽．普通高校历史专业人才培养模式创新研究[M]．长春：吉林大学出版社，2016．

[5]汪霞，钱铭．世界一流大学通识教育课程研究：以美国大学为例[M]．南京：南京大学出版社，2017．

[6]章传文．高校历史教学模式与素质教育[M]．成都：电子科技大学出版社，2018．

[7]章传文．高校历史教学与思维创新研究[M]．长春：吉林出版集团股份有限公司，2018．

[8]汪建华．大学通识教育课程变革史论：1912—1948[M]．成都：西南交通大学出版社，2020．

[9]赵晓华．历史类通识课程的意义、目标及方法[J]．黑龙江史志，2010（17）：154，166．

[10]张颖华．论高校历史文化通识课课堂教学方法[J]．牡丹江大学学报，2011（7）：113-114．

[11]李桂民．高校加强人文素质教育视阈下的历史教学[J]．中国石油大学学报：社会科学版，2013（2）：108-112．

[12]黄一斓，颜林．高校历史文化通识课教学中信息技术的研究与应用[J]．考试周刊，2013（92）：150-151．

[13]熊瑛．高校历史文化育人研究[D]．武汉：武汉大学，2015．

[14]岳伟．高校历史学人才培养中"通""专"结合的理论与实践：以"世界近代史"教学为视角[J]．廊坊师范学院学报：社会科学版，2016（2）：117-120．

[15]黄素芳．国内理工科高校历史类通识课的问题与建议[J]．文化创新比较研究，2017（10）：88-89．

[16]杨峻岭．论高校历史文化通识类课程的教学策略[J]．西部素质教育，2017（13）：6-7，9．

[17]吴琦．高校历史学类通识教育存在的问题及建设建议[J]．历史教学：下半月刊，2018（1）：34-35．

[18]李晓燕,杨婧,王伟.通识教育中历史育人内涵及实现路径研究[J].黑龙江高教研究,2019(8):125-129.

[19]吕雪飞.历史学通识教育在高校党建人才培养战略中的作用研究[J].现代职业教育,2020(1):212-213.

[20]王生团.浅析高校历史文化通识类课程的价值与教学:以"西方文化史"为例[J].文教资料,2020(17):182-183.

[21]王春喜,王娟.高校通识教育中弘扬中华优秀传统文化的路径探析[J].通识教育研究,2020(1):37-43.

[22]任丹萍,胡家鑫.高校推广历史通识教育的途径分析[J].文化创新比较研究,2020(9):127-128.

应用史学人才培养模式下毕业设计环节的设计与实践

——以北京联合大学为例*

吕红梅**

摘　要：20世纪80年代以来，北京联合大学的历史学专业走出了独具特色的应用型史学人才培养路径，既坚持史学的基本功用，又注重学科交叉，以成果输出为导向，依托校内外实践基地，注重学历制与师承制相结合、理论与实践结合，培养学生的跨学科知识和能力。在课程体系设置中，毕业设计环节是应用史学人才培养模式非常重要、居于尾端的部分，基于人才培养目标，应该在充分重视史学素养的基础上，充分重视基于行业需求、与行业紧密结合的实践在毕业环节的占比，从而确保高端、复合型、应用型史学人才的多元输出。

关键词：应用史学；史学功用；实践环节；多元输出

一直以来，史学的传统垂训和资治功能被各界所认可，同时人们也认识到时代主题会影响史学发挥作用的途径和方式。不管时代如何变迁，大学课堂始终是传授历史知识、培养史学人才，进而走向社会，扩展、抬升史学功用的第一阵地。大学在传授历史知识、培育学生的研究能力、培

---

* 本文是北京联合大学教育教学研究与改革项目"以实践为基础的'2+2'文物保护与修复贯通学生毕业设计研究"（项目号：JJ2022Y005）成果之一。

** 吕红梅，历史学博士，现为北京联合大学应用文理学院历史文博系副教授，主要研究方向为中国古代史、北京历史文化等。

养学生学科素养的同时，更重要的任务是如何将知识投入实践，即"用起来"。鉴于国内高校的历史学发展实情，大致可以分为两个导向或者类别，即理论研究见长和应用史学见长。理论研究见长的高校以校龄较长的名校为主，汇聚了大量的理论研究人才，引领着理论研究的方向和重点。而一些高校则以应用史学为发展重点，培养应用型史学人才。随着社会的发展，新文科背景下，应用史学更具广阔的发展前景和育人功能。

2018年10月8日，教育部等六部门决定实施"六卓越一拔尖"计划2.0，在基础学科拔尖学生培养计划新增的17个专业中，首次增加了心理学、哲学、中国语言文学、历史学等人文学科，"新文科"概念初步形成。学界多人对"新文科"进行解读，如有学者认为："新文科是相对传统文科而言的，是以全球新科技革命、新经济发展、中国特色社会主义进入新时代为背景，突破传统文科的思维模式，以继承与创新、交叉与融合、协同与共享为主要发展建设途径，促进多学科交叉与深度融合，推动传统文科的更新升级，从学科导向转向以需求为导向，从专业分割转向交叉融合，从适应服务转向支撑引领。"❶与传统文科相比较，新文科注重学科交叉，将新技术融入传统文科，注重培养学生跨学科学习能力，使学生最终具备综合技能。北京联合大学应用文理学院历史文博系历史学自20世纪80年代至今走出了独具特色的应用史学之路，以服务首都文化事业为己任，分别开设了文博方向（1987年）、文化旅游方向（1993年）、文化遗产方向（2012年）等，且自2006年以来，历史学在构建文物保护与修复人才培养模式方面不断探索与创新，还加强了与国外高校的联合。

2017年，北京市教委批复同意北京联合大学、北京东城区国际职业技术学校、故宫博物院"3+2+2"高端技术技能人才贯通培养试验项目。这是北京市为深入推进教育领域综合改革，促进教育公平，整合融通各级各类优质教育资源，探索优质高效育人的教育发展新模式而推出的重大举措。2020年9月，第一批文物保护与修复贯通项目学生进入北京联合大学应用文理学院历史文博系学习，归属于文物与博物馆专业。2022年7月，

---

❶ 王铭玉. 新文科：一场文科教育的革命[J]. 上海交通大学学报：哲社版. 2020（2）：20.

2020级贯通项目学生专科阶段学习的毕业设计环节已完成，本科毕业设计环节将在2024年进入实践阶段。由于这三部分学生都是按照应用型史学人才的目标培养的，因此在毕业设计环节，需要根据各自专业、学业经历形成各自的特点。

北京联合大学的历史学（文遗保护与利用）、文物与博物馆（本科）、贯通项目学生的共性在于注重应用史学的学习，在坚持传授史学基本理论知识的同时，强调培养学生的实际操作能力，在文化旅游、文化遗产研究、调查与评估、保护与利用、文物修复（如古建等）方面培养理论和实践能力都具备的人才。这个共性符合"新文科"的特征：学科交叉、技术支撑、国际视野。结合三十多年的发展之路，应用史学在新文科背景下通过设计可以有更好的发展路径。既坚持以史学的基本功用为中心，保障人才的理论素养，又通过加强校内外实践基地建设、培育双师型教师等方面入手，增强学生的实践技能。作为一线教师，撰写本文既是对以往发展路径的总结，又是对新时代下深化发展和改革的探索。在课程设置等问题的探讨基础上，以毕业设计环节为重点，对应用史学人才培养模式下的毕业设计环节进行思考和设计。

一、毕业设计应坚持以史学的基本功用为中心，体现应用型人才的理论知识素养

以史为鉴，历史学有为当今社会提供历史经验和借鉴的基本功用。中国的国家治理体系，是在历史传承、文化传统、经济社会发展的基础上长期发展、渐进改进、内生性演化的结果。只有坚持从历史走向未来，从延续民族文化血脉中开拓前进，我们才能做好今天的事业。历史学人才培养的目标之一就是通过学习，学生能够了解中国历史发展的基本脉络和规律，理解重大政治、经济问题的发生、发展和影响，结合史学研究动态，培养学生研究历史、借古知今和辩证思维的能力。因此，了解、理解、掌握通史脉络和规律，是基本和必要的要求。

为保障人才培养的理论知识素养，就要确保历史学核心课程的地位。中国通史、世界通史、中国历史文选等课程的常设和学时充足，是确保学生理论知识充足的前提。讲授通史课程对讲师的要求较高，讲师要及时融

入学术研究前沿动态，融入新的教学理念，学生的学习效果才能得到真正提升。

坚持以史学的基本功用为中心，还要使历史学的本科学生具备专业化的历史教育经历。著名历史学家白寿彝先生曾提出大众化和专业化的历史教育路径，其中大众化历史教育路径指的是全体社会成员都是历史教育的对象，把全体社会成员培养成具有历史感、时代感、民族自豪感的"自觉性的公民"和"社会主义新人"。专业化历史教育路径目标要高于此，对于本科历史教育来讲，讲师要具备从事史学研究或者从事历史教学工作的能力。要使学生具备历史研究的能力，除了课程设置要保障通史及相关理论课程的课时以外，在学年论文、毕业论文环节也需要强化设计。

学年论文和毕业论文能比较显著地锻炼学生的论文写作能力。在这两门课程上，北京联合大学应用文理学院历史文博系以学生的就业走向为导向，确定了分类完成毕业论文的做法。将考研学生、进入中小学教书的学生分为一类，将想进入文化遗产单位从事相关工作的归一类，将从事文物保护修复技艺工作的分为一类，进行多元化的论文主题设计。第一类学生的毕业论文理论性最强，最贴近研究类论文，在学生搜集资料、撰写学术综述、进行论文写作时，教师给予充分的学术指导，最后确定理论研究的题目。后两类注重落脚在首都文化遗产点的保护与利用、文物保护修复技艺上进行题目设计，充分体现综合性及新文科的学科交叉特点。在设计所有类别的论文时，充分考虑题目的真题率，即以教师科研项目作为依托，师生可以在毕业论文的选题上充分互选，最终写出优质论文。论文既体现学生对学术写作规范、学术研究概况的掌握和理解，又体现教师的科研反哺教学，避免科研与教学脱节、学生无法从教师高水平科研项目中获益的情况，实现师生的双赢。贯通项目学生以从事文物保护修复技艺工作的居多，在课程的设置上有较大偏重，在实验室、校外实践基地、行业公司的锻炼较多，他们的毕业设计题目更接近于应用研究，比如器物的实际修复、文物保护单位的调查与建档等，在一线的实践中进行论文创作，更需要注意的就是对于毕业设计题目所涉及的历史知识包括历史背景、沿革、意义和价值等的阐述，要体现出与工匠的不同，增加理论的深度，真正从毕业设计环节体现学生成为"高素质、应用型"人才。

二、毕业设计坚持校内、校外两个学习阵地，以双师型教师为指导教师，保障理论知识有条件转化为实践技能

应用史学的"应用"，是指学生在接受充分的理论知识后，还要能够将其转化成实践技能。在校读书期间，学校就给学生准备了充分的理论知识转化为实践技能的条件。对文理学院历史文博系而言，在校内除了依托课堂以外，还有两个国家级实验室，即国家级应用文科综合实验教学中心、国家级文化遗产传承应用虚拟仿真实验教学中心。两个中心秉承"人文综合、文理交融，学以致用、实践育人"的教学理念，强调打破专业之间的传统藩篱培养学生的实践能力，引导文科各专业、理科各专业之间的交叉互动、集成融合；强调实践能力以应用为本，以能力培养为核心，培养综合素质高、应用能力强、具有创新精神的人文社科类复合型、应用型人才。国家级实验中心的定位为"应用"，其软硬件设备和师资可以满足历史学很多门课程的实践需求，如文化遗产数字化、古建测绘与制图、书画装裱、文物保护技术实验、文物保护与修复实践等，而这些课程的设置就是为了培养应用型史学人才。

校内教师有能力为学生提供应用型人才所需的知识和技能，这也是培养应用型史学人才的必备条件。21世纪之初，为适应国家传统文化保护以及文化遗产保护的新形势和新要求，历史文博系顾军教授等率先将国际先进的文化遗产保护理念引入中国，做了大量的文化遗产学研究工作，并先后为专门史研究生（2007年）和本科生（2009年）开设文化遗产学课程，同时带领青年教师团队，积极探索文化遗产应用型人才培养体系的建设工作。2012年，以历史学专业为核心的应用文理学院被北京市文化局命名为"北京市非物质文化遗产研究基地"。依托校内外高水平实践基地，经过教师团队长时间的探索和不断改进，历史学专业在创新文化遗产应用型人才培养实践教学体系方面取得很大进展，逐步形成一套有很强操作性和实效性的发展模式。目前，经过与校外相关文化遗产单位的合作，系内已有一半以上的教师拥有双师资格。双师型教师在传授理论知识的同时，也有能力指导学生应用技能的锻炼和发展。

历史文博系也在校外搭建了各级实践教学基地，为学生走出校门，

走进行业实习、实训提供师资和工作场域相近的实习环境。走出校门，市级、校级和一般合作实习单位不同层次相互依托；政府机构、旅行社、文创公司等不同类型相互补充，充分满足文化遗产人才培养多方位的实践教学需求。例如，2005年北京联合大学就与首都博物馆签订了建立校外实践基地的协议，双方本着"立足首都，强化应用，校企联动，互惠双赢"的合作理念，在学生实习、师资培训、校内实训基地建设、人才培养方案研讨和实践课程讲授等多方面开展了广泛的合作，为培养应用型史学人才作出了积极的贡献。校外各级实践基地是锻炼学生学以致用，在毕业前就能充分了解、接触行业的有力保障。

贯通班的学生除了以上平台外，还可以更多地依托一些实际项目，如北京市级文物保护单位的申报、第九批市级文物保护单位的档案制作、全国第三次文物普查复核项目等，在行业导师的指导下，进行实地考察和操作，锻炼应用知识的能力和从业能力。

三、毕业设计环节应充分体现应用型人才培养模式的创新和构建

应用型人才需求的特点单纯在学校是没办法全面了解的，因此，在学习与吸收国际先进经验的基础上，历史学结合行业需求，将高素质、应用型文化遗产保护与修复人才作为培养目标，从培养方案和课程体系、建设实践教学平台、师资配置、教学方法及教材与指导书等方面都积极引入行业专业指导，听取行业意见，结合专业专家、学校特色进行了大胆创新，创建了"校内校外相结合、学历教育与师承教育相结合、专业素养与职业发展相结合"的"三结合"应用型人才培养体系，明确将为首都文化遗产保护和利用培养高素质应用型人才作为教学的主要目标。

校内外相结合，既包括实践教学平台（基地），又包括教师团队的校内外结合。该点与第二点的两个阵地意义一致，在此不赘述。

新文科强调将新技术融入传统文科，注重培养学生跨学科学习能力，最终使学生具备综合技能，有鉴于此，学历制与师承制相结合是高校应用史学发展路径的创新。学历出自高等教育的载体——高校，学历制下多注重对学生理论的灌输和培养，对于使用新技术、培养动手能力的侧重偏

弱，应用史学人才的培养将学历教育下的理论培养和师承制下的实际操作能力、掌握技术应用的能力相结合，实现了理论和实践的统一，在很大程度上解决了史学人才重理论轻实操能力的短板，实现了人才输出的理论和技术的结合。师承制的"师"主要来自行业，如非遗技艺传承人，或来自首都博物馆、故宫博物院等大型文保单位，拥有较多的实践经验和较高的技术水平，融入高校后以"师傅带学生"的"一对一"或者"一对多"形式，对学生进行技能培养，使学生在学校课堂上就可以接受原来进入工作单位才可能学习到的实操技能。师承制能够创造精细化、个性化的培养模式，弥补了高校教师理论丰富、实践偏弱的短板。

专业素养与职业发展相结合正是落实了新文科"需求导向"的要求。高校人才培养最终是面向社会，因此，在校期间给学生提供专业知识素养和职业发展所需技能的双结合才能更好地帮助学生顺利走入职场。在人才培养方案中，以模块化的课程设置来确保学生专业素养和职业发展的结合。以史学基本功用为中心设置通史类相关理论课程保证了学生专业素养的培养；实操性选修课由行业导师来以师徒制的方式授课，在校内实验室、校外实践基地上课，保障了学生职业发展所需能力的培养。以行业需要为依托设置课程模块，提高了人才培养定位的精准度。课程体系按照通识教育必修课、通识教育选修课、专业必修课和专业选修课四个部分进行搭建。5门专业必修课程又是专业核心课程，在历史学人才培养过程中处于相对稳定的核心位置，并与其他专业选修课程存在密切的内在联系。专业选修课又分3个模块——历史、文化遗产、文物鉴赏，重点培养学生大型文化遗产保护和利用的应用能力。课程的模块化设计体现了以生为本的办学思想，分流教育、分类成才，使学生能够在四年中自主选择不同发展方向，同时与校内外结合、学历制与师承制相结合，共同完成学生的专业素养和职业发展相结合的目标。

四、毕业设计是"双需求导向"下多元化人才输出的重要一环

"双需求导向"指的是学生个性需求、行业社会需求，即应用型史学人才的培养注重因材施教，有目标地按材输出。

本着"分类指导、分层培养、因材施教、突出特色"的人才培养理

念，最终培养出面向历史教学与研究及首都文化遗产保护与利用事业第一线，历史学基础扎实，具有人文素养、科学思维以及先进的文化遗产保护理念，具备从事文化遗产研究、调查、评估、管理、保护、利用、数字化等工作的理论知识与实践能力，能够胜任文化遗产管理机构、文化创意产业、文化旅游行业、中小学教学等相关工作的高素质复合应用型人才。分解开来讲，就是根据学生特点和行业需求，进行"双需求导向"的人才培养和输出。大致可分为四类输出：史学理论研究能力（考研），传承和传播史学知识能力（教师），实践操作能力（文保、文遗人才），传播文化的能力（出国）。

五、贯通班学生毕业设计环节的设计

在此重点讨论毕业设计环节在实践操作能力（文保、文遗）人才的输出中的设计问题，应从以下几个方面考虑。贯通班的毕业设计，多以器物的修复为主，学生在学会基本修复技能的同时，还要熟悉器物的时代背景、历史价值和意义，从理论上也要进行深挖，以期体现贯通培养的高端性要求。

首先，确定选题和指导教师。

从选题入手，选题应考虑的因素包括学生兴趣、校内外教学条件、场地、环境要素、人员配备等。指导教师方面，重点确定校外指导教师的资质审核要素，包括行业技能转化为教学的水平、教师行业技能、师生配比等。贯通班学生已经有相对固定的行业导师，具体负责毕设环节的实践技术指导。校内有双中心的实验室，校外有故宫博物院、首都博物馆等实践基地，具备毕业设计研究和改革的可操作性。

其次，以高阶性为核心要求，进行毕业设计作品的教学评价标准设计。

结合教学要求，根据《文物修复师国家职业技能标准》，制定供教学使用的毕业设计作品评价标准，体现学生知识、能力与素质的有机融合。

贯通人才的技能特长，与行业结合紧密的特点能落实OBE教学理念。制定贯通毕业设计作品教学评价标准，将行业需求与教学实际相结合，为下一届学生、其他高校提供借鉴。《国家文物局2022年工作要点》指出，推进实施新时代文物人才建设工程，促进新时代文物保护职业教育高质量发展，推进《文物修复师国家职业技能标准》实施。依据该标准设计毕业设计环节评价标准，可为实际工作提供指导。

最后，以贯通教育的高端性为引导，促进培养高水平的文物保护与修复人才。

毕业设计环节的教学要素、作品标准的制定，既以贯通高端性为引导，又是它的具体体现，还为本科阶段的学习奠定了技能基础，结合理论提升，进而培养出高水平的文物保护与修复人才。

总之，毕业设计环节（毕业论文）是学生在教师指导下，结合所学的理论知识，综合运用基础理论、专业知识和专业技能分析解决实际问题的能力体现。毕业设计是学生在学校的最后一个实践性教学环节，是对人才培养质量的检验。基于应用史学人才、高端复合型史学人才的培养目标，毕业设计（毕业论文）应在充分重视史学理论基础和素养的前提下，发挥教师的实践技能和校内外实践基地的作用，结合行业所需，完成选题、实操、答辩（检验）的全过程。

参考文献

[1]王立桩. 应用史学还是史学应用学：浅论公共史学的学科属性[J]. 西华师范大学学报：哲社版，2011（5）：69-75.

[2]王铭玉. 新文科：一场文科教育的革命[J]. 上海交通大学学报：哲社版，2020（1）：19-22.

[3]王丽娜. 本科毕业设计（论文）全过程质量监控体系[J]. 教育现代化，2017，4（28）：91-93.

[4]薛彩霞. 本科毕业设计（论文）存在问题及质量控制措施[J]. 高教论坛，2011（11）：56-58.

[5]王琪，武寿春. 毕业设计质量监控体系的构建[J]. 南京工程学院学报：社会科学版，2011（1）：57-59.

基于应用史学人才培养的中国建筑史课程创新教学模式研究

——以北京联合大学历史文博系中国古代建筑课程为例

李若水[*]

摘　要：随着高等教育的学科分化和高校定位的细化，不同高校、不同专业的人才培养目标也越来越有针对性。在以培养应用型人才为定位的高校和专业，仅仅沿用传统的中国建筑史教学模式，难以有针对性地达成人才培养的目的。以北京联合大学历史文博系开设的中国古代建筑课程的教学实践为基础，探讨在应用史学人才的培养目标下，基于对于学生认知背景的精确分析，在教学资源、教学模式、教学评价等方面，对中国建筑史课程的教学模式进行创新改革及相关思考。

关键词：应用史学；培养目标；中国建筑史；教学模式

以中国古代建筑的发展演变和技术艺术特征为主要内容的中国建筑史一类课程，有相当悠久的发展历程和广泛的开设范围。在建筑学专业，中国建筑史多为专业必修课及核心课，在建筑学教育中占有极其重要的地位。在考古、历史、文物博物馆专业，也多开设中国建筑史作为选修课程。但是随着高等教育的学科分化和高校定位的细化，不同高校、不同专业的人才培养目标也越来越有针对性。尤其是在以培养应用型人才为目标的高校和专业，仅仅沿用传统的中国建筑史教学模式，难以有针对性地达

---

[*] 李若水，北京联合大学应用文理学院历史文博系讲师。

成人才培养的目的。因此，有必要结合学校定位及专业人才培养目标，对中国建筑史课程的教学模式进行创新改革。

一、专业定位与课程目标分析

中国古代建筑是北京联合大学历史学（文遗保护与利用）专业选修课程。基于学校应用型大学的办学方针，历史学（文遗保护与利用）专业的人才培养主要面向文化遗产保护与利用相关行业和部门，培养历史学基础扎实，同时具有人文素养、科学思维以及先进的文化遗产保护理念的高素质复合应用型人才能够在文化遗产管理机构、文化创意产业、文化旅游行业、中小学等企事业单位从事文化遗产相关的研究、调查、评估、管理、保护、利用、数字化及教学等工作。

在我国的文化遗产中，古代建筑及相关的古遗址、石窟寺等类型占有相当的数量，是物质文化遗产的大类。古代建筑相关文化遗产的调查、评估、管理、保护利用能力，也是从事文化遗产工作必不可少的基本能力。因此，在强调应用性的历史学（文遗保护与利用）专业，设置古代建筑相关课程是非常必要的。在这样的课程体系下，中国古代建筑课程不仅为学生奠定了建筑遗产领域的基础知识，更使学生深入掌握建筑遗产的调查、评估、保护、数字化等技术能力的必要条件。

根据上述专业定位与课程培养目标分析，参考相关高校与专业的中国古代建筑史等课程，在与本学科专家深入交流，并广泛征求相关文博部门、旅游、文化行业及科研机构人才需求意见的基础上，本专业的中国古代建筑课程需要满足如下的教学目标：

首先，在知识层面，使学生掌握中国古代建筑的基本特点和常用术语，能从等级、功能和建筑结构等不同角度辨认古代建筑的主要类型，了解各时代的重要建筑实例，理解中国古代建筑的发展历程和历史成就。

其次，在能力层面，使学生具备使用规范术语对常见类型的古代建筑进行简单的形制描述的能力，以及认识建筑三视图，掌握从图纸了解建筑结构与空间的能力，养成运用建筑思维对建筑遗产进行分析与评价的思维方式，见图1。

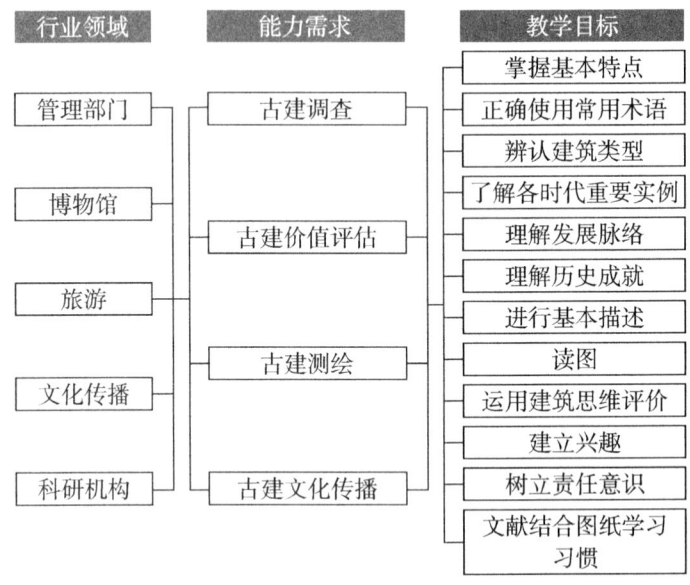

图 1　中国古代建筑课程教学目标与相关行业能力需求的对应关系

最后，在认识层面，使学生明确古代建筑遗产在文化遗产体系中的地位，建立对各类建筑遗产的兴趣，树立保护中国古代建筑的责任意识，了解建筑遗产的基本研究途径，养成结合文献、图纸了解建筑遗产的学习习惯。

二、创新课程建设的重点问题

本课程的授课对象为历史学（文遗保护与利用）专业二年级本科生，学生的认知背景具有如下特点：

首先，在取消文理分科的"3+3"新高考改革背景下，进入本专业的学生在高考时均选考历史科目。在本科阶段的前两年学习中，学生又系统学习了中国古代史、中国近现代史、世界古代史、世界近现代史、中国古代文献选读等史学课程，打下了较为扎实的文史知识基础，已具备一定的历史文献阅读分析能力。

其次，学生在高考时较少选择理工科的科目，对于涉及几何结构、力学作用等相关知识的问题大多较为陌生。学生在本科学习前期阶段缺乏建筑学相关基础知识的储备，因此空间思维能力有限，图形理解能力缺乏，尤其对于绘图缺乏信心，具有抵触心理。

最后，由于本校定位及专业招生指标投放的地区决定，本专业学生主要来自北京市，在中小学阶段，学生对北京传统建筑和明清官式建筑已多少有所认识，且受北京市人文环境及中小学教育的影响，学生大多对古代建筑兴趣浓厚。

围绕上述对于专业定位、课程培养目标及学生认知背景的分析，本专业的中国古代建筑课程在参考借鉴同类课程的基础上，需在教学资源、教学模式、教学评价等方面进行创新性改革，以更好地实现课程培养目标。

其中，在教学资源方面，需要根据定制的教学内容，培养学生的空间思维，以及识图绘图等文化遗产研究、保护工作的必备技能；在教学模式方面，需要引导学生将已有的对古代建筑的兴趣转化为学习动力，进而建立对建筑遗产的专业兴趣与职业热忱。在教学评价方面，需要引入全新的评价方式，帮助学生克服对理工科、建筑学相关知识的畏惧心理，建立学习信心。

三、课程内容与资源建设及应用

（一）课程内容建设

在大量参考、比较北京大学考古文博学院、清华大学建筑学院等相关高校相关专业的同类型课程内容的基础上，结合学校定位及学情，将本课程与建筑学专业相关课程进行区分。经过对对口行业单位的广泛调研，精准对接行业需求，以成果为导向，创新性地定制教学内容，弱化建筑设计、建筑结构方面的讲授，强化建筑文化认知和对建筑遗产的分析能力培养。同时，突出联大服务北京的城市型大学特点，将各时代北京建筑遗产作为授课的重点案例。

本课程教学内容主要分为两部分：中国历代建筑发展演变历程与中国古代建筑结构特征。其中第一部分，是按照时代顺序排列，分类讲授城市、宫殿、祭祀建筑、居住建筑等从新石器至明清各时代的重要建筑遗迹和遗构，并对各时期建筑的技术与艺术特征进行总结梳理，使学生具备区分建筑遗产类型，辨析其大致时代的知识和能力。

第二部分，则以《营造法式》与《工部工程做法则例》这两部学习中国古代建筑的"文法课本"为纲，分别讲解元以前及明清建筑的结构特征及术语体系，使学生具备分析建筑形制特征，使用规范术语进行描述记录的能力。

（二）教学资源建设

课程选用的教材是中国建筑工业出版社2015年版的《中国建筑史》，属于住建部土建类学科专业"十三五"规划教材，"十二五"普通高等教育本科国家级规划教材，高校建筑学专业指导委员会规划推荐教材。在权威教材基础上，还为学生提供了涉及古代建筑的时代发展、结构技术、设计思想、美学艺术等多方面的十余本课外参考读物，及从20世纪30年代至今的60余篇与课程各章节内容对应的本专业领域经典权威学术论文，帮助学生了解学术前沿与学术经典。

除线下教学资源外，课程建设中还结合当前新的教学理念与教学手段为学生开发相应的线上教学资源。课程团队的原创"北京建筑遗产十讲"慕课，为课程中北京地区相关建筑遗产的学习提供了具有专题性、前沿性的学习资源。同时，本课程提供中国大学MOOC平台湖南大学柳肃教授开设的"中国古代建筑艺术"，及网易公开课收录的"清华大学公开课：建筑史"两套在线课程作为辅助。在线课程更偏向普及性的基础知识与概念，有助于学生提高积极性，适合作为学生入门学习时的参考。

同时，教学团队大力建设校内、校外的教学平台，有效地扩充了课程的教学形式和教学资源。利用设于北京联合大学应用文理学院的应用文科综合国家级实验教学示范中心、文化遗产传承虚拟仿真中心等校内教学平台，团队设计了关于古代建筑遗产的"明清官式建筑构件认识与制作""明清皇家园林造园艺术"等体验环节，又与故宫博物院、北京古代建筑研究所等校外实践基地长期合作，进行现场教学。同时，对应课程中相关教学内容的讲授，邀请知名学者及古建筑研究保护一线工作人员进入课堂与学生深度交流，使学生感受大家风范、了解学术前沿、明确专业发展，提升专业责任感与自豪感，提高学习主动性。

四、课程组织实施

结合学情分析，课程团队以强化学生自主学习意识和能力为出发点，制定"2+2.5+0.5+1"，线下线上互相补充、理论实践相配合的创新复合型教学模式：课前扩展学习2学时，指定学习经典图书与前沿学术成果；课上讲授2.5学时，教师系统讲解章节知识；课堂讨论0.5学时；课下强化1学时，利用线上学习资源或现场参观学习，强化对课堂内容的理解掌握。

为有效提升教学效率，优化教学效果，在教学过程中尝试进行了教学方法与手段的创新：首先，在针对中国古代建筑这一主题的教学活动中，强化现场教学。课程中在相应的章节专门设置了在京津冀重要建筑遗产所在地进行现场教学的环节，如唐代的正定开元寺，宋代的正定隆兴寺，辽代的天宁寺塔、蓟县独乐寺，元代的曲阳北岳庙，明清北京故宫等，使学生获得直观感受，提升学生将建筑理论知识应用于建筑遗产评估分析的实践能力。

其次，利用实践平台优势，课程设计中突出动手实践，在"明清建筑结构体系"章节中，设置明清斗拱制作体验环节，使学生能够亲身体验古代建筑传统工具与技艺，感受大国工匠精神，从而提升学习兴趣，深化课堂理论的理解。

再次，着重加强对空间认知的教学，充分利用建筑图纸与三维数字模型进行案例讲授，强调课堂的"随时记"与"动手画"，并将识图绘图全面纳入各层级教学评价，从而提升学生在建筑绘图方面的信心和兴趣，强化学生对二维图纸与三维建筑空间、结构的认识理解能力。

最后，在课堂讨论环节，采用翻转课堂（Flipped Class Mode），创新性地设计了"学生问，老师答"的方式，指导学生在预习阅读文献的基础上，提出有学术价值的问题，在课堂上由老师或同学进行回答，这不但能够有效激发学生进行课外自主学习，更能鼓励学生活跃思维，自主探索学术问题。

五、课程评价方式创新

课程评价，是即时有效反映课程教学效果的重要环节，在中国古代建筑课程的建设中，应健全综合评价，建立即时性、多层次的综合评价体系。

在结果评价环节，进行评价方式的创新，将传统开卷考试方式设定为"只允许携带手写笔记"方式，鼓励学生在课堂上随堂进行文字与绘图记录，这一做法切实提高了学生课堂学习的积极性。除结果评价外，还强化了课堂教学各个环节的过程评价，包括将各知识点以课堂提问的方式进行评价，将各章节重点难点以随堂作业方式进行评价，将课外学习效果以课堂讨论、期中作业形式进行评价。参照过程评价结果，能够及时了解各章节授课中的重点与难点，并对教学方式进行相应调整。在课程增值评价方面进行积极探索，使课程评价不仅具备反映课堂教学效果的功能，本身也能达到促进教学的目的。与之相对应，我们还创新了课程大作业的形式，针对当下建筑设计中普遍存在的"崇洋"现象，提供"西式"乡村自建房的建筑图纸，要求学生通过课下对中国建筑经典研究著作的阅读，或对周边古代建筑遗产的调研，选取元素对其进行改造设计，使其成为最符合自己心目中中国传统建筑的形象。通过这一结合实际的开放式命题，鼓励学生在自主研究的基础上，自由表现对古建筑文化的理解，有效锻炼了学生的读图识图能力。

六、课程评价及改革成效

通过定制化、创新性的课程内容、教学模式、课程评价设计，使本专业的中国古代建筑课程脱离了千篇一律的模式，更适应专业培养目标和学情。同时，由于课程内容结合实际，突出应用性，加上精细设计的灵活授课模式，学生的学习积极性也获得了极大提升。在多次授课中，本门课程各周学生出勤率均在90%以上，课堂气氛活跃。学生对课程反馈良好，对教学方式表示认可，对课程的历年教学评价均为优秀。

改革后的中国古代建筑课程，有效承担了专业培养方案中建筑遗产相关课程群的核心课程的功能，并与后续的古建测绘与制图、文化遗产调查实务等课程相配合，提升了学生对专业知识的掌握程度，增强了学生的职业能力与专业兴趣，收获了良好的教学成效。选修过本门课程的2019届毕业生中，1人进入故宫博物院工作，1人进入北京古代建筑博物馆工作，1人考上西北大学建筑遗产保护方向研究生，1人创立了古建筑相关的青少年研学机构。

选修本门课程的学生在参与教师负责的"海淀区不可移动文物认定工作""北京内城文化遗产说明牌设置工作""北京中轴线历史资料整理与

遗产价值普及展示""前门地区普查登记项目资源库建设""北京市核心区文保单位使用状况及使用功能调研""故宫养心殿研究性修缮"等多项实际工作中，能够将所学知识直接应用于北京市建筑遗产保护、利用，服务首都发展建设，并在工作中获得北京市古代建筑研究所等单位的一致认可与好评。

七、小结

对中国古代建筑课程的创新改革，证实了"学生为本、行业导向"教学理念的突出优势。课程建设中突破以往教师为主的教学目标和教学过程设计方式，以学生的学习需求为本，将行业相关用人单位的人员纳入课程团队，以行业需求为导向，细分对应知识与能力，精准对应于教学目标点，使课程设计更具有针对性。

此次课程改革实践也突显了"精准定位，全程定制"的教学内容与模式的重要意义。在前期课程内容和模式的设计中，重点突出课程的应用性；在教学实施全程中，始终贯穿精细化、定制化的处理，突破知识背景局限，这在培养具有跨学科特点的专业人才时尤其重要。为实现教学效果的最大化，在设计教学模式方法和教学执行阶段中，都有必要深入细致分析授课对象的知识背景与心理特点，明确教学重点与难点，为学生量身定制有针对性的教学模式与方法。同时，将教学评价贯穿于教学全过程和各层级，强调课堂知识点即时评价、教学重点难点实时评价、课程章节动态评价，引入创意性、趣味性的评价方式，也能够起到全方位、多角度调动学生学习热情的积极效果。

在世界近现代史课程中培养学生的人文素质

石竞琳*

内容摘要：利用课程思政理念对学生进行正确的价值引领，使学生了解全球一体化历史进程和国际秩序运行规则合理化的制约平衡形成合力推动历史向前发展的规律，增强思辨能力，知兴替，懂荣辱，学习世界历史的经验和教训，树立宏大的历史观。使用多元化的教学手段，使用启发式、比较法、文献精读法、案例法、小组研讨法等教学方法，增强学生对历史知识的学习能力和对现实社会问题的关照、应用能力。

关键词：课程思政；人文素质；世界近现代史；历史；教学手段

全面推进课程思政建设，实现立德树人，是当前全国高等教育专业课程教学改革的主要方向，也是贯彻落实教育部《高等学校课程思政建设指导纲要》的重要举措。"'课程思政'……是将高校思想政治教育融入课程教学和改革的各环节、各方面，实现立德树人润物无声。围绕'知识传授与价值引领相结合'的课程目标，强化显性思政，细化隐性思政，构建全课程育人格局"[1]。世界近现代史是历史学专业学生的专业必修课，是进行人文思政教育的重要课程。将思想政治教育融入世界近现代史课程

---

* 石竞琳，北京联合大学应用文理学院历史文博系副教授，主要研究方向为世界文化史、犹太文明史、中外文化交流史。

[1] 高德毅，宗爱东. 从思政课程到课程思政：从战略高度构建高校思想政治教育课程体系[J]. 中国高等教育，2017（1）.

教学和改革的理论与实践中去，探讨人文素质在本科世界近现代史课程中的培养，正是适应课程思政建设的需要，旨在促进学生知识积累、人文素质、思辨能力的全面发展，帮助学生树立正确的人文价值观、历史观、时代观，做有思想有文化有素质的新时代国家需要的建设人才。

一、世界近现代史视角下的人文素质培养

"人事有代谢，往来成古今。历史研究是一切社会科学的基础，承担着'究天人之际，通古今之变'的使命。世界的今天是从世界的昨天发展而来的。今天的世界遇到的很多事情可以在历史上找到影子，历史上发生的很多事情也可以作为今天的镜鉴。重视历史、研究历史、借鉴历史，可以给人类带来很多了解昨天、把握今天、开创明天的智慧。所以说，历史是人类最好的老师。"❶这是习近平主席在2015年8月23日致第二十二届国际历史科学大会的贺信。

世界近现代史是为历史学专业学生开设的专业必修课，也是培养文科学生基本人文素养的重要基础课程，蕴含着极为丰富的人文知识元素。在教学过程中，贯彻思政理念，利用这些人文元素注重对学生历史人文知识的传播和人文素质的培养，是世界近现代史视角下人文素质培养的独特内涵。学生通过该课程的学习，掌握世界近现代史的基本知识，把握人类近现代文明的脉动，对话历史上伟大的先哲，探寻人类近现代历史发展的沧桑变化和现代化、全球化进程，拥有开阔的国际视野，获取历史新知，培养人文情怀，提升人文素质。

历史是一种记忆，世界历史则是整个人类社会发展的记忆，它告诉我们，人类如何从原始、孤立、分散的人群日益发展成为全世界紧密联系的一个整体，其中既有各个文明自身演进的历史，也有不同文明间的冲突、战争和侵略，以及交往、借鉴和融合。世界近现代史在人类社会发展过程中极为重要，为学生呈现了一幅幅人类近现代历史发展的波澜壮阔的画面，让学生领略历史的丰富和深刻。世界近现代史在人类历史发展中是一个由分散走向整体的阶段，是很多重要人文思想和实践产生和发展的阶

---

❶ 习近平在2015年8月23日致第二十二届国际历史科学大会的贺信。新华社济南2015年8月23日电，《人民日报》2015年08月24日01版。

段，也是人类社会开始"现代化""全球化"步伐的阶段。亚洲、非洲、拉丁美洲文明的辉煌，地理大发现，文艺复兴，欧洲的启蒙运动，英法美等国的资产阶级革命，民族国家的诞生，工业革命，殖民主义的扩张，殖民地人民的血泪和抗争等，许多重要的历史事件都发生在世界近代史上。当古典的辉煌早已远去，近世的喧嚣悄然落幕，人类又迈入了世界现代史的阶段。这个阶段，上演了国家的兴衰、科技的进步、世界大战与和平、资本主义国家的革命与改良、亚非拉民族民主运动的光荣与梦想，全球化也日益发展，美苏冷战与局部热战并存，苏联解体，东欧剧变，北约东扩，欧洲一体化，亚洲崛起，国际规范日渐完善，世界向多元化发展。当今时代，世界依然喧嚣，日益加剧的环境恶化问题和贫富差异在挑战人类社会，贸易战、局部冲突、疫情此起彼伏，科技的发展和竞争白热化，意识形态的斗争依然严峻……然而文明的交流与互鉴也比任何时代都更为迅速和广泛。

世界近现代史上这些重要的历史事件和现象构成了我们今天世界格局的基础，因而世界近现代史是学生认识世界、了解历史的重要途径，是学习其他学科的知识背景和基础，而且每一个学科的发展也离不开自身的历史演变。本课程教学重在普及学生的世界历史人文知识，提升学生的人文观念和素质。从人文知识认知方面，可以使学生比较全面、系统地掌握世界近代历史的主要发展线索、基本史实、重要历史事件和人物。从人文观念和素质培养方面，本课程的一些内容可以帮助学生树立正确的人文观念，提升人文素质。例如三次工业革命及其后果、马克思主义学说、殖民地人民的革命民主运动、两次世界大战、当今世界国际格局等章节与社会现实及国际局势有着十分密切的关系，有助于学生认识到和平与发展是时代的需求，珍惜和平，奋发有为，为民族振兴做贡献。

二、教学内容突出时代性和思想性，培养学生的思辨能力

世界近现代史内容丰富多元，涉及人类社会的政治、经济、文化、科技、军事、伦理等诸多方面的发展变化，具有很强的时代性和思想性，正是进行思想政治教育、思想价值塑造的生动教材。世界近现代史课程在教学过程中除传授知识外，注重挖掘思政元素，突出时代性和思想性，潜

移默化地将"课程思政"教育理念贯穿整个教学过程,以全球史的宏阔视角考察世界近现代史的发展规律,进行科学的价值引领,引导学生树立正确、科学的历史观念,增强学生对史实的思辨能力,对现实问题的观照能力,建立大历史观和大时代观。

具体来说,世界近现代史可以使学生了解世界历史发展的来龙去脉,理解当今世界格局演变形成的基本要素,学习世界历史的经验和教训,启迪心智,明辨是非曲直。例如,历史上西方国家的殖民主义、帝国主义给近代以来落后于西方的亚非拉国家带来了深重的灾难和伤害,使学生知晓落后就要挨打,民族和国家只有自强才能立足于世界民族之林,才能在当今这个开放的全球化、后全球化时代中继续前行,不至于落伍。毋庸置疑,西方一些国家在近现代历史上走在了前列,成为发达的资本主义国家。然而对于盛行多年的欧洲中心论,通过学习历史史实可以使学生明确,西方的崛起事实上仰赖于世界其他地方各自文明的发展,世界上所有的文明都对人类进步做出了不可磨灭的贡献。以美洲印第安人为例,他们培育的众多农作物也就是我们今天司空见惯的玉米、土豆、西红柿等,富有营养又高产,传播到世界各地后,丰富了人们的食谱,提升了人们的体质,意义非凡;可可、烟草等也深受世界各地人们的喜爱,成为重要的经济作物,创造了重要的经济价值。而东方文明在18世纪之前是优越于西方文明的,至少在1750年之前,亚洲大部分地区在贸易和技术方面较欧洲占有优势,并且还深刻影响了西方文明。中国、印度等亚洲国家生产丝绸、瓷器、茶叶、糖、棉纺织品、其他手工业品等。明清时代世界上大量白银资本都是流向中国的,中国主导了当时世界贸易的方向。中国古代的丝绸之路是古代文明之间相互了解、影响和借鉴的重要通道,其贸易一直延续到明清,联系起众多亚欧非的国家和城市,极大地促进了中外经济、科技和文化的交流以及文明的共同发展和进步,是中国对世界文明的重要贡献和创举。中国的"四大发明"对世界历史尤其是对欧洲近代历史影响深远:指南针影响了航海技术,促进了地理大发现;造纸术、印刷术推动了文艺复兴的发展,让知识的传播更为便捷;火药改变了战争的模式,有利于资产阶级革命取得胜利。18世纪欧洲启蒙运动时期掀起的"中国热"、中国的科举制度对西方文官制度的影响等更是中华文化影响欧洲的明证。

现在我们大力弘扬优秀传统文化，同时以道路自信、理论自信、制度自信、文化自信开拓进取，实现中华民族伟大复兴正当其时。和平与发展是时代的主题，霸权主义不符合世界人民对国际秩序和规则合理化的诉求。"一带一路"是当今中国依托古代丝绸之路而倡导的横贯亚欧非、面向全球的国际化合作平台，是以合作共赢为核心，倡导和平、构建新型国际关系、打造人类命运共同体的新实践，必将进一步促进中外文明之间的交流与互鉴，共同推动人类历史的发展和进步。

习近平主席说，"历史的启迪和教训是人类的共同精神财富。忘记历史就意味着背叛"，❶ "要树立大历史观、大时代观，把握历史进程和时代大势"。❷ 世界近现代史课程从基本史料入手，通过对具有时代性和思想性的内容的学习，学生可以比较全面、系统地掌握世界近现代史的基本知识，锻炼思辨能力，提高对世界近现代历史文献的分析能力，对近现代世界文明和文化的赏析与解说能力，根据时代背景客观分析评价重大历史事件和人物的能力，正确认识人类各个文明对世界历史的贡献，深刻理解人类社会近现代历史发展演进的主要脉络及对当今世界政治、经济格局的塑造和影响，培养学生运用马克思主义基本原理、全球化等理论将历史与现实问题相结合去看待问题、分析问题、解决问题的能力。总之，使学生：掌握史实，增强思辨能力，明辨是非，知兴替，懂荣辱；树立正确的价值观念；高瞻远瞩，心怀天下，做一名新时代国家需要的有思想有文化的建设人才。

三、教学手段多元化，增强学生的学习应用能力

教学相长，亦师亦友。课堂教学的多元化，会使教师和学生都获益匪浅。本课程的课堂教学采用多元化的教学方式。

（1）启发式和比较法教学。通过信息化手段，以PPT课件为主，辅

---

❶ 习近平在纪念中国人民抗日战争暨世界反法西斯战争胜利70周年招待会上的讲话 [EB/OL]. [2022-3-23]. http://www.xinhuanet.com//politics/2015-09/03/c_1116456504.htm.

❷ 习近平2021年12月14日出席中国文联第十一次全国代表大会、中国作协第十次全国代表大会开幕式时发表的重要讲话 [EB/OL]. [2022-3-23]. http://www.xinhuanet.com/politics/leaders/2021-12/14/c_1128163653_2.htm.

以图片、影像资料等，力求深入浅出、形象生动地展示世界近现代史的丰富内容。在教学过程中，使用启发式和比较法教学方法，不断提出问题，引导学生主动思考，允许学生现场查阅网络资料，融合自己的见解进行回答。比如第一次世界大战后形成的凡尔赛体系与第二次世界大战后形成的雅尔塔体系两个国际关系体系的比较，理解世界大战带给世界的灾难，理解霸权主义和不合理的国际政治体系对世界的统治；从欧共体到欧盟的成立对欧洲一体化和世界的影响，给国际关系带来的变化；日本的明治维新与中国戊戌变法的比较，日本成功和中国失败的原因等。通过启发式的教学互动，以及一些适合比较的教学内容的启发探讨，加深学生对相关知识内容的记忆和理解，激发学生对国际时事的兴趣，培养学生积极主动思考现实问题的能力。

（2）文献精读法和案例式教学。在课堂上对于某些历史现象，如资本主义问题，用文献精读法加强学理阐释，鼓励学生课后或精读或泛读教师推荐的参考书目作为补充学习资料，培养学生查阅文献资料的能力，扩大学生知识面，加深他们对课本知识的理解，增强他们分析问题及论证问题的逻辑思维能力。教学过程中多用案例法激发学生兴趣，通过生动的案例事件，增强学生对历史问题的认识，实现对学生的价值引领。例如：地理大发现的故事，标志着世界一体化进程的开端；文艺复兴运动的故事，是新兴资产阶级在意识形态领域的一场革命风暴，对当时政治、科学、经济、哲学、神学产生的极大影响。

（3）使用"大班授课+小组研讨"模式。布置两三次不同问题的小组研究，组织两三次课堂讨论，展示小组和个人研究结果。以学生为中心、以任务为驱动，进行探究式学习和讨论。推崇"费曼学习法"，用输出倒逼输入，充分调动学生的积极性、主动性和创造性，运用所学对所设问题进行深入探讨和评议，引导学生在主动的交流与研讨中，形成正确的价值观和历史意识，并提升学习和研究问题的能力。例如，对于三次工业革命历史影响的讨论，尤其是第三次科技革命（即第三次工业革命）与现实生活关系紧密，现代科技的发展引发世界范围劳动分工和产业结构的调整，科技革命对世界政治、经济、文化、社会生活都产生了根本性的影响。学生通过查阅资料，根据切身体会都会有话可说，有感而发，而且经过小组讨论，真理越辩越明，以利于他们深刻理解科技如何影响世界，为什么说科学技术是第一生产力。对于苏联解体、东欧剧变的原因和历史反思，对于全球化带给世界利弊问题的讨论等，学生都可提前查阅资料进行准备，通过课堂的小组讨论互动，结合史实与现实，观察社会、联系实际，从而激发学生的学习兴趣和创新意识。

  总之，我们现在面临世界百年未有之大变局和中华民族伟大复兴的战略全局。发达国家的经济触角伸向全球，西方的文化价值观也渗透世界。知己知彼才能百战不殆。世界近现代史充满人文思政元素，通过课程传播人文知识、培养学生的人文素养，不仅使学生知晓世界格局之由来，掌握基本史实，还可以获得正确观察问题、分析问题的知识、立场和方法，提高思辨能力，吸取历史的经验和教训，培养大历史观，积极观照现实和未来。"风声、雨声、读书声，声声入耳；家事、国事、天下事，事事关心"，是当代大学生应有的精神状态。而"传道、授业、解惑"，将思政教育贯穿于整个教学过程，引导学生正确看待所身处的社会、国家及世界的发展，促进学生知识、素质和能力的全面发展，则是教师责无旁贷的责任和义务。

"+文化"视角下中国古代史课程教学问题浅议[*]

——以北京联合大学为例

魏亦乐[**]

摘　要：网络自媒体时代，中国古代史教学面临着全新的挑战与问题。从网络自媒体时代历史学信息传播新特点入手，从学生接受信息与专业课教学的关系出发，总结新时代中国古代史教学面临的问题。针对这些问题，提出如何通过"+文化"的视角，发挥教师的主动性，用传统文化的精髓有效打造课堂内容，以呼应各类文化平台对现代教学的冲击。同时，如今的高校专业课课堂上，融入文化内容的方式在创新的同时也要保持自身的专业性，坚持一定的原则，保持不被碎片化信息影响的定力。

关键词：中国古代史；自媒体时代；文化内容

2016年12月，在全国高校思想政治工作会议上，习近平主席强调，高校的立身之本是立德树人，要把思想政治工作贯穿教育教学全过程。在教学手段和技术的运用方面，强调要运用新媒体新技术使教学工作活起来，推动思想政治工作传统优势同信息技术高度融合，增强时代感和吸引力。

在新时代的洪流中，教育教学方法也必然要发生深刻的改变，才能

---

[*] 本文系2020年北京联合大学校级科研课题"'+文化'视角下的中国通史课程思政研究（SK20202013）"成果。

[**] 魏亦乐，北京联合大学应用文理学院历史文博系讲师，博士研究生。主要研究方向：蒙元史、文献学。

适应课程思政要求下新时代课堂教育的需要。北京联合大学以"三全育人""课程思政"为指导，以"+文化"为抓手，把中华民族优秀传统文化、革命文化、社会主义先进文化、首都北京地域文化和世界先进文化渗透到学科、专业与课程建设中，落实学院"+文化"教育，引领师生建立文化自觉和文化自信，注重以文化人、以文育人，实现立德树人。

中国古代史是一门历史悠久的课程，从20世纪初叶开始至今已有百年历史。任何课程在教学中都要贯彻一个核心指导思想，随着时代的变迁，中国古代史课程的教学指导思想也随"世变"翕张而时有改易。1949年以后，随着课程体系的逐步建立与完善，以历史唯物主义为指导思想，向学生揭示人类社会历史发展规律，是马克思主义哲学思想的重要组成部分，也是我们运用历史唯物主义，系统、具体、历史地分析中国社会运动及其发展规律的武器。❶在新形势下，以历史唯物主义为指导，挖掘中国古代史课程思政元素，将其有机融入课堂，指导课堂教学和实践，是新时代为这一传统课程的任课教师提出的新要求，也是教师提升教学手段、完善教学方法的必要途径。

本文以"+文化"为主要视角，以"课堂教学内容"为讨论对象，主要讨论新媒体时代，中国古代史的课堂如何融入文化内容。首先介绍网络自媒体时代历史学信息传播的特点，从学生接受信息与专业课教学的关系出发，总结网络自媒体时代中国古代史教学面临的问题。针对这些问题，提出如何通过"+文化"的视角，发挥教师的主动性，用传统文化的精髓有效改造课堂内容，以呼应各类文化平台对现代教学的冲击。同时，结合全面推进课程思政建设的总体任务，对新时代中国古代史课程的教学提出一些看法。

一、"+文化"视野下中国古代史课程教学面临的问题与挑战

北京联合大学倡导在课堂教学中以"+文化"为指导，就是在教学中将文化元素融入课堂。我们认为，中国古代史这一传统课程中，传统文化

---

❶ 关于历史唯物主义指导地位的论述，可参阅习近平2013年12月3日在中共十八届中央政治局第十一次集体学习时讲话的部分内容。

教育和新旧文化载体的碰撞这两个方面是重要的文化要素，在这一历史悠久的课程中，"+文化"思想就体现在这两个方面。

第一，我们处于新媒体时代，媒体技术在不断发展。在新媒体，特别是"自媒体"的时代中，信息的来源多种多样，传播的方式花样翻新。现代媒体与传统纸质媒体一样，也具有文化载体的属性，本身也是现代"文化"的组成部分。❶大众传媒中历史学知识的传播、接受方式都有了深刻的改变。网络时代的信息爆炸反作用于日常的教育教学工作，对新时代教师的教学也提出了更高的要求。网络时代，特别是新媒体时代的中国古代史教学工作，必然面临着与以往教学工作不同的新问题，这些问题在如今的网络自媒体时代尤为突出。而2017年开展的公众史学研究也体现了学术试图走出"舒适区"，与大众对话的最新趋势：公众史学要求史学成为人民大众生活、生产的组成部分，史学工作者有义务将自己的工作变成同行和大众都能接受和喜爱的公共文化产品。❷这些最新趋势都迫使我们思考，如何改变传统课堂中的机械性的成分，既能达到培养学生学术技能的目的，又能有效从多方面培养学生的综合素质，塑造人格，从灌输文化要素到学生能主动吸收文化，从而变得"有文化"，这是新时代课堂的要务。

第二，就中国古代史课程而言，对其教学方法的讨论不少。早在1994年，就有学者提出传统文化在形塑大学生人格方面能够发挥不可替代的重要作用。中国古代史教学作为传统文化天然的载体，在培养大学生爱国，树立正确的人生观、价值观，传递民族优秀文化方面负有重要职责。❸另有学者指出，在20世纪50年代出现一些声音否定传统文化之后，今天我们

---

❶ 美国人类学者罗伯特·F.墨菲（Robert. F. Murphy）认为，"文化是知识和工具的聚集体。我们以知识和工具适应自然环境；文化是一套规则，凭借这些规则，我们相互联系；文化是知识、信念、准则的宝库，据此我们力图理解宇宙及人类在宇宙中的位置"。因此，本文以为，文化作为知识的聚集体，其载体，无论是新、旧媒介，都是文化的组成部分。参见：墨菲.文化与社会文化学引论[M].王卓君，译.北京：商务印书馆，1991：33-34.

❷ 姜萌."公共史学"与"公众史学"平议[J].中国公共史学集刊，2018：57-77.

❸ 李学功，祝玉芳.传统文化与中国古代史教学[J].青海师范大学学报，1995（12）："教育科学研究专辑".

对它的态度处在转变时期。除了文化要素之外，中国古代史课程的讲授涉及人文关怀的核心内容，对培养学生的人文精神、提高其人文素养、培育其品格有很大作用。❶中国古代史课程的固有特点是中国古代文化中的"史学"要素，而这必然成为传统文化的重要组成部分；给学生讲授历史，就是将传统时代的历史文化传承下去。以中国古代史这门课程为例，如何将传统文化"叠加"进课堂，构建适应不同课程的文化内容和体系，是本文探讨的问题。

二、网络时代史学信息传播的特点

我们需要分析新时代历史学，特别是中国古代史信息传播有哪些特点。自从网络走进千家万户之后，网络时代的信息传播就具有即时交互性、信息内容的良莠不齐性、信息主体的多元并存性等特点。而学生和教师群体除了有教学主体身份之外，也有网民身份，他们同时作为网络信息的接受者和筛选者。网络环境中关于历史知识、问题以及历史观念的各类信息是比较受网民欢迎的重要内容，这些内容不断更新，接受信息接受者的阅读、筛选。公众（包括史学从业者，及教师和学生）在接受历史故事、人物形象之时可通过如下途径：

第一，门户网站的历史频道。这类内容从门户网站时代开始兴起，起到了网络时代初期史学知识的普及和传播的作用。目前，曾经影响力较大的，如个别门户网站的历史频道以及一些专业的论坛，已因时代的发展点击量下降，部分网站已经关闭。

第二，网络自媒体、公众号等。其中的内容可认为是传统媒介的延伸，如各类专业期刊、出版社在新媒体平台下的宣传内容，微信公众号、微博甚至网购平台等信息传播媒介发布的内容。其形式多种多样，如视频、音频、文章等。这与自媒体时代信息传播多元化、交互性有关。

值得注意的是，部分教师与学生也具有网络自媒体发布者的身份。这是因为自媒体时代，每个个体既是信息的接受者，也是信息的生产者。任何个体只需要具备一定的条件，就可以利用手中可以支配的媒体，相对自由地披露信息、发表意见。自媒体时代的传播媒介是微博、博客等社交媒

---

❶ 李鸿宾.史论杂稿[M].北京：中央民族大学出版社，2009：437.

体，人们依靠社交网络，对信息进行交互式传播。

因此，与历史和历史学有关内容的发布者，同样存在于历史学专业的师生之中。不能简单地认为网络自媒体形态下的历史类文章是传统媒介在网络平台下的延伸。这类文章具有个性化、小众化的特征，同时，因其内容的发布基于社交网站、社交软件等网络工具而有一定的交互性。其特点如下：

第一，网络信息的发布者在发布知识性内容的同时，渗透了发布者个人的历史观、价值观等要素。

中国有着悠久的史学传统，网络时代的史学爱好者与专业史学工作者一样，其知识体系都植根于中国古代传承有序的文字记录之中。数千年来，民间的社会大众对历史故事有着特殊的爱好，民间讲史一直是独立存在的传统，它有别于中国古代的官方史学和文人史学体系。另外，历史叙事的表现形式也丰富多样，也就是丰富多彩的"野史"，如戏剧、鼓书以及文人创作的普及历史知识的咏史诗等。毋庸讳言，今天的网络史学也继承了这种人文传统。而这种人文传统与现代学术框架下的专业史学有着明显差别，主要体现在学术性和求真意识两点。虽然它的知识基础和古代一样，也是中国流传有序的编年史传统。然而，由于现代社会，特别是网络时代带来的知识下沉与信息爆炸，学术研究成果不仅在学术圈内流传，与民间爱好者的界限也日渐模糊。因此，部分学者对构成网络史学主体的民间史学与职业史学界的交流充满乐观，他们认为，公众史学作为某种中间环节，已然成为一种存在的必要。这意味着：专业史学家走向民间，走入社会大众；民间业余的历史爱好者为提升自身史学素养水平和研史/写史方法技能的专业化水准而走近专业历史学家，双方互为沟通、融合的桥梁。在职业历史学家的参与和专业指导下，社会公众自主地撰写出具有专业水准的历史著述，以此来弥补职业历史学家和官方治史之遗缺疏漏，进而让人类社会的历史变得更加丰满充实。

诚然，很多学者以自身专业研究者的立场，力图指导业余研究者进行专业性的学术写作，从而形成一种良性互动。同时，部分研究者也借助自媒体平台，将自身知识凝练融汇，尝试改变学院中的表达方式。但是，我们必须指出，业余研究者存在两方面的问题：首先是学术语言及研究方法背后反映的学术研究的限度，在业余爱好者那里无法把握。这涉及学术训练和学理讨论，此处不展开。更为重要的是，爱好者更容易受到社会思潮观念的影响。这些观念要素包括个人的价值观和社会思潮等方面，除了个人在社会生活、阅读等方式中形成的历史观、价值观外，也有个人受社会意识影响而形成的历史观念，以及受网络环境中普遍存在的历史观等因素的影响。这种历史观的形成是如今网络思潮下各种"意见"的表现形式，通过各种形式不自觉地渗透这类文章。当然，一些自媒体发布者也会不自觉地迎合某种社会思潮，或是基于自身的知识塑造某种历史观念。

第二，网络自媒体具有"先发布，后过滤"的特点，这是严格审核下的传统媒体不具备的特点。同时，在传统媒体渗入自媒体领域之时，他们所发布的内容，有一部分具有这样的特点，而有些内容则是传统媒介在网络上的延伸。例如，部分期刊将一些首先发表在传统纸质媒体的文章转载到公众号、博客等网络平台，这些内容接受传统方式的审查、过滤，而不具有直接发布、经过网络筛选的特点。

第三，内容的交互性、多样性。交互性基于社交网络的互动合作和共享性的特征，通过自发组织群体的互动合作完成信息的生产、传播和互动交流。这体现在针对不同的内容，可以形成固定或松散的团队进行知识生产。在知识的传播中，利用社交网站、软件，针对感兴趣的问题以"兴趣小组"的方式进行讨论。这就突破了一般网络媒体"留言板"式的讨论模式，使相关问题在交流中产生出新的信息，使交流范围扩大且有可持续性。多样性则基于流媒体技术的普及。而短视频时代的到来，则反映出知识的传播早已突破文字的单一形式，生产者也不再是有资质的电视节目制作者。目前网络平台流行的普及性专业课程，多以视频或音频形式出现。

第四，付费。付费是制约不同经济收入群体选择性接受知识的门槛。但这并不意味着付费知识的质量较免费者优质。学生和教师群体以网民身份在网络上筛选信息时，也会将是否收费作为判断知识质量的标准之一。学术具有公器属性，而基于学术研究的高校课堂，除了专业性之外，不应有付费属性，它与公众传播领域中知识获取的途径有本质差别。虽然这不属于教学范畴，然应该予以重视。

三、中国古代史课程"+文化"内涵举隅

作为历史专业教学的核心课程，中国古代历史在信息时代的洪流中高度社会化，无论是传播方式还是信息量，都是以电视、广播、报纸、学术杂志为代表的传统媒体时代所无法企及的。学生和教师都是网络浪潮中的重要组成部分，他们接受信息的质量与方法，也与传统媒体时代迥异。从教师的角度看，这必然会给如今的中国古代史教学带来新的压力。

在与网络时代的碰撞中，中国古代史及其相关知识的最大特点是：爱好者众多而门槛较低。这是因为，一般民众对本国历史有一定的熟悉程度，且受到中小学阶段基础教育、兴趣爱好等因素的影响，部分人有接受相关知识的需要。人们通过网络检索等手段，多少会说出历代王朝更迭、古代帝王将相、重大历史事件等。学生在开始专业课学习之前，也会提出这样的问题：我们在网络中能便捷地获得相关知识，特别是中国古代史的相关内容，为什么还要学习中国古代史？针对这些疑问，教师需要改变教学思路。下文我们举一例，说明中国古代史课堂中如何融入文化要素，实践"+文化"教学方法，才能有效对学生进行知识的传授与人格的塑造。

此前在对中国古代史教学的讨论中，学者一般重视的是"方法"的改造，诸如在多媒体教学中改变教学互动模式，改变师生互动模式，增强教学吸引力等问题；对于教师"讲些什么"这一关于内容的最基本问题，我们仍需投入一定的精力。❶

教师改造课堂，首先要从改造自身做起。更重要的是，我们在自媒体时代面临着课堂讲授和学生接受的对话，某种程度上说是"对抗"。笔者在教学实践中就发现过类似情况：学生经常用某些知识网站中网友的说法向教师询问，说"我看到了关于某问题的观点如下，请问这一观点是怎么回事"。然而，学生之所以有此一问，其根本因素是他们往往会忽视如下几点：第一，网络平台让学者、爱好者们失去了以往的界限。不过，涉及浩如烟海的档案的相关领域，或繁难语言（或死语言）相关技能，往往

---

❶ 具体内容见《大学历史教学》第四章《大学历史课堂的多媒体应用——以中国古代史为例》（参见：张詠.大学历史教学[M].银川：宁夏人民出版社，2018）。

有较高的学习门槛。但无论他们的主体身份是什么，他们的表达是否符合学术标准，他们的标准仍然是统一的：论证符合形式逻辑，反对比附推测有限度。而学生需要学会判断的方法，而不是记住其中的异说。第二，学生在直接接受某种观点之后，或许会忽略探索其出处。针对不同观点，调动自身的学识和逻辑思维对这些观点（或说法）进行判断，这是严格的学术训练，特别是文献阅读训练的方式。高等学校历史学培养目标之中，有"能够基于历史学研究方法对历史学专业问题进行理论和应用性研究"，因而，在培养学生研究能力上，对他们读书的引导与讲授相对固定的知识是一样重要的，也是培养学生接触学术研究的必由之路。于是，若将中国传统时代两大学术体系（汉学、宋学）读书法的内容穿插中国古代史的课堂教学之中，这是以传统学问引导现代学生，从完成培养目标来说，对他们的论文写作、未来的硕士研究生阶段的深造有一定的好处。

中国古代史虽然是以现代学术为根基的高等学校历史学专业基础课程，但其中蕴含的丰富的传统因素不容忽视，因为课程讲授的内容本是中国历史之故。历史上的中国史学与现代史学虽有不同，但有两个特点是相同的：从学术领域说，二者的研究对象相同，自不必论；从公众领域讲，中国古代无论长幼，都有了解中国历史的需求，随之而来的是大量通俗历史读物的编纂，出现了《十八史略》《少微通鉴节要》《纲鉴易知录》等影响力颇大的读物。此风除我国之外，也波及东亚文化圈中的日本、韩国，有着广泛的影响。这与现如今史学进入公共领域的精神内核一脉相承，堪称古代的"公众史学"。因此，中国古代史学本身就是我国不可或缺的文化要素之一。

不过，从梁启超高唱"新史学"以来，公众对史学的接受已经远离了《史略》等书，以至于现代的研究者对这些书籍不甚熟悉，甚至嗤之以鼻，早已忘记了其中的文化内涵。而专业的史学研究也已成为论证某一命题的技术手段，这些命题的来源往往不一定是古人的所思所想，而是从政治、经济、文化的框架出发，为解决历史或现实问题而设，其关怀或源于中国近现代革命与现代化的需要。特别是1958年3月始，陈伯达、范文澜、郭沫若等学者在《人民日报》等重要报刊发表了一系列谈"厚今薄古"的文章，这不得不说加速了中国古代史的概念化、理论化的走向。

此后，无论是教学还是研究，古代社会发展规律及相关解释体系彻底成为比历史知识更为核心的、需学习者记问的新知识；古代史的学习和训练中，古代文献及其背后的中国传统时代的史学与经学传统，彻底成为"史料学"。而所谓"史料学"不过是一种实用之学，它的存在只为论证从20世纪初"新史学"诞生以来的"新知"而发，集大成者莫过于煌煌十"巨册"的《中国通史参考资料》。❶而无论是初学者还是职业学者，他们所发之论逐渐脱离了中国古代史学和经学传统——包括宋学传统和清代以来的小学——经史的学术体系。而今时不同往日，20世纪80年代以后，特别是90年代以来，学术界出现了回归乾嘉的风潮，从人才培养上说，中国人民大学国学院的成立，也是从学术到人才培养上赓续中国传统学术思想的一次尝试，而国学也被认为是整个中华民族的民族精神、民族思想、民族意志的共同载体，是我们不可战胜的强大自信力量的源泉。❷这也与今天通常强调的"树立民族文化自信"这一论断的思想内核相一致。

设置"国学院"是一种有效的尝试，是为了解决现代学科分化以来，中国传统文史哲研究的学科壁垒问题。就史学而言，今天的中国古代史教学与研究的学术根基，除了以历史唯物主义为根基之外，我国千年以来一以贯之的文化传统贯穿其中，具体而言就是传统史学和经学，二者不可偏废。

研学中国古代史的基础究竟是何物，以及为了打基础而设计的"治学门径"，或言"读书之法"，古今中外皆有不同。我们认为，就汉学和宋学两大学术传统来说，清代学术传统中"由小学入经学者其经学可信"，或宋学中以"朱子读书法"为代表的学习门径，都是在古代史教学中将现代学科与传统对接的途径。小学有专门课程，自不必细说，理解古人之所述所思，自应以识字为主要路径。目前来说，配合中国古代史这一核心课程教学，开设古代汉语课程，提升学生对古文的亲近程度，是学好古代史的不二法门。在现代以诠释为主的学术研究路径下，史学研究者对史书的诠释的重要性毋庸置疑，然而，在起步阶段，我们不能仅仅给学生结论，

---

❶ 翦伯赞，郑天挺. 中国通史参考资料 [M]. 北京：中华书局，1962.

❷ 引自冯其庸在中国人民大学国学院开幕式上的讲话。冯其庸. 逝川集 [M]. 青岛：青岛出版社，2014：131.

更要引导他们读书。那么，无论是学习兴趣还是阅读的兴趣，都是从古代汉语的基础开始。

对于大学教育而言，对学生知识体系的有效塑造是学生完成学业的必由之路，但绝非唯一目的。学生的德性和人格塑造与知识相比同等重要。这就是在中国学术史上所谓"尊德性"和"道问学"之间的张力。而以"朱子读书法"为核心，对学生从读书这条路径进行人格塑造，有助于破除现代学术研究方法在教育中的负面影响。

南宋以来的理学背景下的读书法，虽有科举背景，但我们剥离这一背景，会发现古人读书的目的、路径、方法，对今天学生日常读书和专业学习以及深入理解传统文化的精髓都有着不可替代的价值。朱子读书法，概括而言是"循序渐进，熟读精思，虚心涵泳，切己体察，着紧用力，居敬持志"。❶这六条法则的顺序从宋到清略有不同，但其核心问题是围绕着以读书为门径，注重方法的总结和引导，最终达到塑造人格的目的。

因此，学生对理学体系中"朱子读书法"的接受和理解有如下作用：

首先，借鉴"朱子读书法"可以破除"史料学"的功利化，逃出"列书名"这种功利推荐书单方法，认真读一本古书，深入理解古书的内涵，而不是从书中挑出对论证自己观点有用的"材料"。

其次，学生能在读书而不是"找东西"的过程中，逃出近现代以来"知识"的泥潭，在深入地理解中国古代史中的知识要点"宋明理学"的同时，了解古人读书不仅有科举考试的功利目的，还有更重要的"尊德性"的范畴，理解古书在塑造人格上起到的教化作用，进而以德性同知识融合，塑造"智识"，在掌握专业技能之外，培养塑造自身的"智慧"，这是人格中的重要组成部分。我们必须从古人的智慧中汲取有效养分。

最后，并非所有学生都对本专业，或者对中国古代史课程感兴趣，我们将文化融入课堂，既能使学生变得"有文化"，也能在吸收文化的同时有效将文化涵化为自己的技能，主动在古人处吸取养分。例如，历史小说的来源无非就是古人的记录，有志于此者，能够通过课堂的引导，课下

---

❶ 李晓宇.朱子读书法六条目的传衍与变异[J].朱子学刊，2015（2）：27-38.

的完整阅读，成为历史小说的创作者，这或许会为他们的人生开辟出新的道路。

四、新时代的中国古代史教学

上文我们以中国古代史教学融入"读书法"这一文化因素为例，说明了文化因素在这一传统学科中的重要作用。而将知识、智识以及人格塑造有机结合，也是中国古代史这类传统文化相关课程中"+文化"教学的一种可能的尝试，或言美好的愿景。对教师来说，面对新时代的新问题，除了对文化本身具有较深的了解之外，还需要面对一种新的文化载体，即网络文化。因此，我们认为在中国古代史课程教学中，还需注意以下几点：

第一，上文已提到，教师和学生都是网络时代和公众史学的参与者，那么，教师首先要了解自媒体时代知识普及的形式、内容，以及其背后体现的网络思潮、社会意识。网络思潮鱼龙混杂，网民的历史观也是五花八门，这些观念一般基于错误的或片面的历史知识和历史认识，是新时代社会矛盾在历史认识论领域的集中体现。对学生进行正确价值观的教育，是课程思政"立德树人"的基本要求，属于其中的"社会主义核心价值观的要求"。教师在教学中，虽然不能时时刻刻呼应社会热点，但有意识地引导是十分重要的。

第二，上文已经提到，部分教师在参与自媒体时代的知识传播时，将自身知识凝练融汇，改变学院中传统的表达方式，在课堂教学中也需要吸收相应的经验，选择灵活的表达方式。教学与学术研究的形式有些不同。历史学专业教师是专业研究者，他们固然应该主动适应，并尽可能地利用网络交流平台，将准确、前沿的专业知识利用网络自媒体进行传播，与公众进行良性互动，同时也要采取与专业学术不同的表达形式，推动公众史学在研究层面之外的实践应用。从学术层面上说，这也是公众史学对学者的新要求。

第三，教师在日常教学中面对的主要是进行专业课程学习的学生。有些人认为，在网络新媒体时代知识爆炸的今天，高校教师的信息优势逐渐丧失，特别是对于一些人文学科来说，准确的前沿知识已经不需要太高的获取门槛就能方便地使用，媒体中也有一些致力于沟通专业与大众桥梁的史学爱好者，他们也会将研究成果转化成图文并茂的文章、视频，只要点击就能获取。但是，这些信息仍然有网络信息的特点之一——碎片化，而知识不系统是网络信息的硬伤。在中国古代史课堂教学中，教师讲授的是系统的知识。

另外，与公众考古所做的工作不同，历史学具有理论性较强的特点。同时，专业研究中对历史文献的处理需要一定的基本训练和阅读技巧，这些都是特别专业的研究生产的知识向公共产品转化时的最大障碍。虽然历史学专业学者致力于普及专业知识，但是在知识的背后，也需要历史学思维、研究方法的训练，甚至是基本功的训练。这其实需要多学科的配合和支持，特别是史学理论素养。到目前为止，作为网络自媒体，普及的知识仍然未能深入到史学理论这一层面，而这类问题作为自媒体的接受度（以点击率衡量）仍然处于较低的状态，难度较大，仅能吸引有特殊兴趣的人士。即使对中国古代史的部分领域，部分致力于科普的非专业人士，其所普及的知识也未见得有多么准确，在专业研究者看来，仍然有纠正的必要。❶这些现象说明，高校教师的专业优势是其他信息途径无法替代的，其专业性是教学的核心。无论是以文化塑造人格，抑或传授知识和"智识"，"专业性"具有不可替代的作用。时刻不忘专业教育，把握专业教育的教学任务和课程目标，才是面对新媒体时代教师树立信心的基石。

---

❶ 譬如笔者在中国古代史的教学工作中，在元史部分致力于向学生介绍元代公牍文体的阅读方法，这种文体的阅读是一个专门学问，就笔者管见所及，在自媒体的普及性文章中，并不能准确理解这种文体的性质、产生背景以及语言规律，甚至不能准确说出这种问题背后的语言类别——"元代白话"。某些文章引用所谓"明史专家"的话，认为口语进入政府正式的公文表达，确由元朝始，然这主要是蒙汉语言差异所致。朱元璋的白话诏书受到元代诏书影响有限，这在语言学和专业历史学研究者看来是错误的。而他也没有准确注明出处，并不严谨。当然，某些明史学者也确实有类似的观点，这可能是某些明史学者受如今某些网络思潮的影响，不能正视北方少数民族政权对中国古代政治、制度等各个方面的影响，有意切割元、明之间的联系，并不完全是纯粹的学术问题。这些都是学术研究和网络知识普及工作中应该警惕的问题。参见：楚茗.朱元璋圣旨像村干部讲话？那是你不懂圣旨的套路 [EB/OL]. [2022-08-28]. https://www.sohu.com/a/149475042_675072.

五、总结

综上所述，中国古代史课程教师在"研究者"和"传道者"的双重属性下，应改变固有观念，突破传统，努力学习最新技术，在提升自身专业素养和理论水平的同时，在扎实的专业基础上，努力思考如何更有效地树立学生的专业意识。对中国古代史这种有优良传统的学科而言，作为教师要提高自身的文化素养，特别是传统文化素养，做学生读书的引领者而不是知识的灌输者。同时，新时代的高校教师也要努力参与到史学公共文化产品的创造之中，从多方面潜移默化地影响学生吸收专业知识，培养良好"智识"，塑造良性人格，成为学生成长的引路人。

参考文献

[1]黄茜，向钇樾．新媒体场域中高校课程思政建设对策[J]．教育教学论坛，2019（27）：52-54.

[2]许哲．自媒体话语权研究[M]．北京：知识产权出版社，2018.

[3]姜萌．"公共史学"与"公众史学"平议[J]．中国公共史学集刊，2018（1）：57-77.

[4]王旭东．应当厘清公众史学与公共史学的区别[J]．徐州工程学院学报：社会科学版，2017，32（2）：55-58.

[5]褚晓波．公众参与文化遗产保护研讨会论文集[M]．上海：上海大学出版社，2016.

[6]张詠．大学历史教学[M]．银川：宁夏人民出版社，2018.

铸牢中华民族共同体意识：北京历史上的各民族交往交流交融

——基于北京史课程的思考

于 洪[*]

摘 要： 习近平主席提出"铸牢中华民族共同体意识"重大原创性论断，开辟了21世纪马克思主义民族理论新境界，为团结好各民族提供了行动指南。作为新时代首都高校的大学生如何理解这一论断？本文从北京历史上的各民族交往交流交融的演变进程为出发点，在教学设计、课堂教学、实践教学和课程考核等教学环节进行了深入思考，再现历史上北京曾经拥有的许多少数民族与汉族共同经营和活动的区域，使得形形色色的农耕文化、草原游牧文化和森林游猎文化融合成你中有我、我中有你的和谐统一的中华文化，为首都大学生理解和认识这一论断提供典型范例。

关键词： 首都大学生；中华民族共同体意识；思考

北京史课程属于专业选修课，授课对象是历史学（文化遗产专业）二年级以上的学生。本课程主要是帮助学生系统了解北京历史文化的发展脉络及体系结构，全面掌握本课程讲授的基本内容，包括北京的历史分期、建城史与建都史尤其是辽金元民族交融的特征、明清北京城市建设与城市规划布局、北京从传统走向近代的历程等。通过本课程的学习，学生将理解国家民族概念的产生、发展及演进过程。从学生的课堂反馈中可以看到，学生对我国是统一的多民族国家，一部中国史就是一部各民族交

---

[*] 于洪，博士，北京联合大学应用文理学院历史文博系副教授。

往、交流和交融最终形成多元一体的中华民族的历史有了一定的认识。当然，此课程也有助于学生从世界的角度更深刻地理解习近平总书记有关民族方面的论断，"一部中国史，就是一部各民族交融汇聚成多元一体中华民族的历史，就是各民族共同奋进、发展、巩固统一的伟大祖国的历史。各民族之所以团结融合，多元之所以聚为一体，源自各民族文化上的兼收并蓄、经济上的相互依存、情感上的相互亲近，源自中华民族追求团结统一的内生动力"❶。通过此课程的学习，学生理解了在数千年的历史演进过程中，北京各民族共同开拓了辽阔的疆域、共同书写了悠久的历史、共同创造了灿烂的文化、共同培育了伟大的精神，形成了你中有我、我中有你、谁也离不开谁的历史共同体、文化共同体、经济共同体、政治共同体、命运共同体。

因此，此课程是深化民族团结进步教育、铸牢大学生中华民族共同体意识的重要载体，承担着引导和帮助大学生树立正确国家观、民族观和文化观，巩固和发展民族团结的功能。

此课程也有一些不足，比如此课程涉及的知识面大、广，具体的知识点的讲授由于课时的原因不能讲解得很深入，因此，笔者对此课的改革进行了一些思考。

一、从教学设计方面

教学设计是根据教学对象和教学目标设计教学的过程。教学设计把教学效果作为首要目标，目的是解决教学问题。随着社会的发展和目前国内外形势的变化，此课程的教学目标（问题导向）也有一些改变。

（一）课程目标的思考

课程目标可以修订为：以铸牢中华民族共同体意识为主线，通过学习，使学生深入了解统一多民族的基本国情，尤其是了解北京地区的民族工作现状；知晓中华民族是一个命运共同体，一荣俱荣、一损俱损，各民族只有把自己的命运同中华民族的命运紧紧连接在一起，才有前途和希

---

❶ 习近平在全国民族团结进步表彰大会上的讲话 [EB/OL]. [2022-03-23]. http://www.xinhuanet.com/politics/leaders/2019-09/27/c_1125049000.htm.

望；深刻认识铸牢中华民族共同体意识、维护国家统一和民族团结是各民族的最高利益和共同心愿。只有中国共产党才能实现中华民族的大团结，只有中国特色社会主义才能凝聚各民族、发展各民族、繁荣各民族。针对本课程特色，还应了解北京地区民族关系的演进历程与中华文明历史变迁一脉相承的特色，它积淀着中华民族最深层的精神追求，代表着中华民族独特的精神标识，透过北京的历史文化可以探索中华民族文化的渊源。

（二）教学内容的思考

教学内容是从历史、地理、民族多学科的视角出发，用"时空"的维度对北京地区的民族现象进行综合性讲授。北京地区是我国历史上农耕文化和游牧文化重要的交汇地带，它是多个民族互动、交汇和认同的广阔舞台。不同民族之间的交往和互动又推动了北京的发展，对北京成为中国首都和首善之区起到了重要作用。历史上不同朝代的民族政策不仅在当时的历史进程中发挥了重要作用，也可以作为当代相关政策的历史借鉴。在民族团结进步教育中，将社会共同体思想教育与中华民族共同奋斗历史教育结合起来，做到寓中华民族共同体意识培育于知识传授和能力培养之中。

第一章以先秦至辽以前为一时期，讲授幽州地区（北京地区）各民族的交汇、互动与融合的特点。这一时期幽州地区为农耕民族与游牧民族的交界地带，生活在这一区域的农耕民族（以汉族为代表）与游牧民族如山戎、匈奴、鲜卑、奚等族群互动频繁，包括矛盾冲突、贸易往来等多种方式，在这一过程中相互吸引和相互渗透，共同缔造处于边疆地带的城市。这一时期的各民族交往、融合方式多处于自然状态。

第二章主要讲授辽金时期，北京地区各民族的交汇、互动与融合。辽会同元年（公元938年），契丹统治者升幽州为辽国陪都之一——"南京"。此后，幽燕地区从中原王朝的边疆重镇变为北方游牧民族王朝的陪都，拉开了北京成为全国政治中心的序幕。在政治制度层面上，契丹统治者推行儒家文化，把幽州地区作为中国北方的文化与教育的中心，但在生活层面保持了游牧文化的特色。金代女真族统治者在辽南京（北京）的旧址上建立中都作为金朝的首都。中都建立后，金王朝把大批女真人包括皇室、宗亲贵族及其猛安谋克户迁到此地，建立屯田军。除此之外，还有契丹、蒙古、奚、渤海人等在中都居住和生活，西域来的回鹘人也到中都经商。因此，城中的居民以汉人与女真人为主，契丹、奚、渤海等多民族杂居。这一时期各民族的互动与融合特点是以游牧文化为主的少数民族文化和与农耕文化为主的汉族文化一起构成了金中都的地域文化，直至金朝的灭亡。

第三章主要讲授元代北京地区的民族互动、变迁与认同。元代重新建立起统一的多民族国家。至元元年（公元1264年），元世祖忽必烈将政治中心自漠北迁至燕京。此后北京成为全国政治和文化的中心。忽必烈建都北京之后，民族文化的包容性进一步加深，表现为：①人口的迁移。西域等地的少数民族随蒙古军队进入大都；蒙古统治者从南宋都城临安将大批百姓、工匠、学者甚至投降官员强行北迁，并安置在燕京地区。②在政治上，忽必烈推行"以儒治国，以佛治心"的政策，立儒学为国子学。③宗教方面，统治者采取包容的态度。④经济上，由于南北大运河的贯通，大批江南物资北运，为大都城的发展和繁荣提供了经济保障。⑤生活在大都中的蒙古人和色目人的"汉化"在当时是一种比较普遍的社会现象，表现出蒙古族对中华文化的认同。

第四章主要讲授明代北京地区的民族互动、变迁与认同。明初，北平由于人口稀少，出现大量荒田。明成祖采取迁民的政策，将人口移入北平。迁入人口中回族占有一定的比例，其中江南回族的巨商也有部分迁至北平。还有一部分迁入的回族曾协同明将常遇春等人攻陷大都，后将有功官兵安置在今北京郊区的驻军营地中，如常营、康营、回民营等。今牛街、花市一带的回民也自称为常遇春的后裔。由于长期与汉族、蒙古族等杂居，虽然回族保留着内地回族的伊斯兰教信仰和风俗习惯，但是回族从语言、文字、姓氏、服饰等方面都发生了很多变化，最重要的是回族对中华文化的认同。

第五章主要讲授清代北京地区的民族互动、变迁与认同。清代北京城总体格局上形成了"旗内城，汉外城"的局面。内城的森严庄重皇家文化与外城的热闹繁华民间文化形成鲜明对比。清王朝强制实行的"旗民有别"的政策，体现了"满洲根本"的基本国策。但是清代官方意识形态的儒家化，确立了满族统治合法性的中国式理论依据，满洲文化以其"国语骑射"（意思是满族统治者必须用满语交流并拥有武力优势），最大限度地参与到以汉文化为主体的中华民族传统文化的整体发展进程之中，并留下了深刻的文化烙印，体现了满族对中华文化的认同。

第六章，讲授党的百年非凡奋斗历程是一个不断凝聚力量的历程。这个力量磅礴巨大，推动我们完成了一个又一个伟大功业，创造了一个又一个人间奇迹。尤其是彻底结束了旧中国一盘散沙的局面，团结带领全国各族人民缔结形成了你中有我、我中有你、谁也离不开谁的中华民族共同体。我们可以从党的百年历史中学习领悟到，是中国共产党强大的凝聚力推动完成了这一伟大功业。为此选择典型人物故事，民族团结交流交融和反抗外敌入侵的历史经典故事，感召学生和感染学生。如抗日英雄马本斋、民族团结杰出贡献者热地、草原母亲都贵玛、人民英雄艾热提·马木提、人民楷模高德荣和半世纪放牧巡边的人民楷模布茹玛汗·毛勒朵，他们都是新时代铸牢中华民族共同体意识的代表。

二、注重课堂与实践教学的培养

1.课堂教学方法多样化

教学内容不能太过于枯燥，要与高等教育教学改革的潮流接轨，积极探索、尝试和启用学生喜闻乐见的教学方法，如现场教学、体验式教学、参与式教学和探究式教学等，努力把课程打造成新颖、独具特色、备受学生钟爱的"金课"。教师与学生之间互动交流，让课堂教学充满活力，不断提高学生的政治觉悟和综合能力，实现教书育人。

2.注重实践教学

此课程的实践教学包括社会调研、参观爱国主义教育基地和录制视频等。通过实践教学，学生能够接触社会、熟悉国情，增长本领和服务社会，这对于坚定中国特色社会主义共同理想和信念、铸牢中华民族共同体意识具有不可替代的作用。实践教学不仅构建了增强中华民族共同体意识的良好情境，还蕴含着丰富的中华民族共同体意识元素，是新时代高校铸牢大学生中华民族共同体意识富有成效的途径。

三、发挥课程考核的作用

为实现铸牢学生中华民族共同体意识的教学目标，打通中华民族共同体意识通往大学生的最后一公里，给学生内心种下中华民族一家亲的种子：一是实现考核内容知识、能力和素质并重；二是重视好平时作业。

实践教学的考核可以让学生利用假期在家附近的民族村进行调研，再根据调研撰写调研论文或调查报告，最后根据调查报告给出成绩。北京郊区有一些村落，聚居了一些少数民族，都可以是学生的调研资源。

除此之外还可以到民族博物馆进行现场教学活动等或让学生先做功课如对民族博物馆的历史沿革、所收藏物品等内容进行整理分析，由学生们作为博物馆导游给参观的教师和同学进行现场讲解，通过讲解，教师给出一定的成绩。

期末大作业可以根据教学目标选择与"铸牢中华民族共同体意识"相关的题目让同学写一篇小论文。

总之，在课程教学改革方面，课内逐步实现以学生积极参与为主导的教学课堂，课外提供相关的书目，布置课后思考作业，培养学生自主学习的能力，同时需要加强教学实践环节，使学生能够学用结合。

参考文献

[1]中共国家民委党组.各民族共同缔造新中国（光辉的历程 深刻的启示·庆祝新中国成立70周年）[N].人民日报，2019-09-26（13）.

[2]李介.新华网评：理直气壮开好思政课[EB/OL].[2022-03-19].http://www.xinhuanet.com/comments/2019-03/19/c_1124254180.htm.

应用型大学世界古代史课程建设与探索

——以北京联合大学为例

尹 凌[*]

摘 要：以北京联合大学为例，回顾世界古代史课程建设历程和问题，结合课程培养目标，从教育设计理念、课程教学体系、课程教学内容优化和教学方法改革等几个方面进行积极的探索，取得了较好的课程建设效果。

关键词：世界古代史；应用型大学；课程建设

一、引言

世界古代史是高校历史学专业学生的必修课程，主要讲述从人类起源至15世纪的历史。由于人才培养目标的不同，应用型大学的历史学专业与研究型大学的历史学专业在世界古代史课程的课时量上存在较大差别，前者的课时量明显较少。北京联合大学应用文理学院历史文博系（原名"历史系"）一直开设世界古代史课程，但因为专业方向调整等原因，课时量曾经减少到32学时（如2014年专业培养方案），这个课时数是完全不够的，而且还要分配给两名教师分别承担上古、中古部分的教学任务，这给教师完成课堂教学造成很大的困难，学生的反馈和评价也达到历史最低。经过调整专业培养方案，2017年又调整为64学时，较好地满足了教学需求。目前我国高校历史学专业本科世界史教学普遍采用的教材是齐世荣为总主编的四卷本《世界史》。该书为普通高等教育"十五"国家级规划教材。尽管这套教材内容紧凑，史学思想严谨，但以时间为纲，强调世界文

---

[*] 尹凌，北京联合大学应用文理学院历史文博系教师，主要研究方向为世界古代史、中外文化交流、文化遗产学。

明的横向发展，使得诸多文明的纵向演进被割裂在几个章节。比如埃及文明、西亚文明、印度文明就放在四五个章节讲述。在学生对世界古代史知识比较缺乏的背景下，这样讲授使得学生感到线索不清，知识点零散。同时由于这套教材使用年限较长，虽有更新，但其中有诸多不适合新史学思想和理论的内容。显然教材存在的诸多问题也可能会影响教学效果。授课内容时空跨度大、学生知识背景比较贫乏是世界古代史课程教学面临的主要困难。

二、世界古代史课程目标

世界古代史是专业必修课程，主要讲述从人类起源至15世纪的历史。通过本课程的学习，学生能够达到以下目标（课程目标与毕业要求的关系见表1）。

（一）知识和学习

学生能够比较全面、系统地掌握古代世界历史的主要发展线索、基本史实、重要历史事件和人物，理解上古文明的发生、发展与终结，中古世界不同地区的政治、经济与文化特点，以及宗教对古代世界的影响，构建世界古代史知识体系，了解世界古代史研究成果，初步掌握世界古代史研究方法；学生具备专业素养和初步学术能力，能够利用拓展阅读资料、MOOC、微课等线上学习课程和资源开展自主学习，并具备自主学习和终身学习的意识和能力。

（二）应用和整合

学生能够运用历史唯物主义基本原理对古代世界重要历史事件和人物进行客观评价，能深入认知古代世界文化遗产和历史遗迹，能够正确分析和运用世界古代历史资料，具备历史思维能力、自主学习能力和专业学术论文的基本写作能力。学生能够在课程知识体系构建和研究能力培养的基础上，整合多学科知识，在综合认知世界古代历史和文化的基础上，将古代和现代相结合、历史和现实相结合，针对现实问题，如文化遗产保护和利用问题，深入挖掘文化遗产的历史文化价值并提出对策和建议。

（三）情感和价值

学生通过世界古代史的学习以及课程思政教育环节，能够深入探讨各国历史和文化,激发爱国情感,增强民族自豪感。通过了解世界古代文明的发生和发展,并从历史中汲取教训,学生能更好地理解现在和未来,努力实现中华民族复兴之梦。

表1 课程目标与毕业要求的关系

课程目标	支撑的毕业要求	支撑的毕业要求指标点
1.知识:学生比较全面、系统地掌握古代世界历史的主要发展线索、基本史实、重要历史事件和人物,理解世界上古文明的发生、发展与终结,中古世界不同地区的政治、经济与文化特点,以及宗教对古代世界的影响,构建世界古代史知识体系,了解世界古代史研究成果,初步掌握世界古代史研究方法	毕业要求1:学科专业知识:具备扎实的历史学、文化遗产学基本理论知识,掌握历史文献学的基本知识及检索、搜集、整理历史文化资源的基本方法;了解专业前沿发展现状和趋势(H)	1-1:直接运用历史学基本知识、理论和方法,历史文献的检索和搜集、整理; 1-3:对所学知识进行分解和组合,了解专业前沿发展现状和趋势
2.应用:学生能够运用历史唯物主义基本原理对古代世界重要历史事件和人物进行客观评价,能深入认知古代世界文化遗产和历史遗迹,能够正确分析和运用世界古代历史资料,具备历史思维能力、自主学习能力和专业学术论文的基本写作能力	毕业要求4:研究:能够基于历史学研究方法对历史学专业问题进行理论性和应用性研究(H)	4-1:能够基于历史学研究方法对历史学专业问题进行理论性研究; 4-2:能够基于历史学研究方法对历史学专业问题进行应用性研究
3.整合:学生能够在课程知识体系构建和研究能力培养的基础上,整合多学科知识,在综合认知世界古代历史和文化的基础上,将古代和现代相结合、历史和现实相结合,针对现实问题,如文化遗产保护和利用问题,深入挖掘文化遗产的历史文化价值并提出对策和建议	毕业要求6:专业与社会:能够基于历史学和文化遗产保护与利用等相关专业知识解决文化遗产保护、利用、展示与传播等问题,并承担相关的理论和实践课题(H)	6-1:能够基于历史学和文化遗产保护相关专业知识解决文化遗产保护问题; 6-2:能够基于历史学和文化遗产利用等相关专业知识解决文化遗产利用、展示与传播等问题; 6-3:能够综合整合所学知识,承担相关的理论和实践课题

续表

课程目标	支撑的毕业要求	支撑的毕业要求指标点
4.情感：学生通过世界古代史的学习以及课程思政教育环节，能够深入探讨各国历史和文化，激发爱国情感，增强民族自豪感	毕业要求8：具有人文修养与科学素养、社会责任感，能够处理好个人利益、单位利益与公共利益的关系，在历史学、文化遗产保护与利用等专业实践中理解并遵守职业道德和规范，履行责任，践行社会主义核心价值观（M）	8-1：具有人文修养与科学素养、社会责任感，能够处理好个人利益、单位利益与公共利益的关系，在历史学、文化遗产保护与利用等专业实践中理解并遵守职业道德和规范； 8-2：热爱祖国，履行责任，践行社会主义核心价值观
5.价值：了解世界古代文明的发生和发展，并从历史中汲取教训，能更好地理解现在和未来，努力实现中华民族复兴之梦	毕业要求10：能够就历史学及文化遗产专业问题与业界同行及社会公众进行有效沟通和交流，包括撰写报告和设计文稿、陈述发言、清晰表达或回应指令，并具备一定的国际视野，能够在跨文化背景下进行沟通与交流	10-2：具备一定的国际视野，能够在跨文化背景下进行沟通与交流
6.学习：学生具备专业素养和初步学术能力，能够利用拓展阅读资料、MOOC、微课等线上学习课程和资源，开展自主学习，并具备自主学习和终身学习的意识和能力	毕业要求11：终身学习：具有自主学习和终身学习的正确认识，有不断学习和适应发展的能力（H）	11-1：具有自主学习的正确认识，有不断学习和适应发展的能力； 11-2：具有终身学习的正确认识，有不断学习和适应发展的能力

三、课程建设及应用情况

世界古代史是专业必修课程，主要讲述从人类起源至15世纪的历史。相对于世界近现代史课程，这门课程所讲内容距离当今时代遥远；相对于中国古代史课程，这门课主要讲述中国以外其他地区的历史，有大量的外国人名、地名和术语,学生多数不熟悉,因而教学难度大。因此,为了实现知识和学习、应用和整合、情感和价值等多维度的课程目标,高校教师必须对传统的教学理念、目标、方法等方面加以改进,才能适应教学改革的要求。

(一)课程内容及组织实施

课程将采用教师讲授、专题讲座、课堂讨论、课外参观等多种授课方式,使学生比较全面、系统地掌握古代世界历史的主要发展线索、基本史实、重要历史事件和人物,理解上古文明的发生、发展与终结,中古世界不同地区的政治、经济与文化特点,以及宗教对古代世界的影响。

本课程指定教材为普通高等教育国家级规划教材《世界古代史·古代卷》,另外充分利用校院图书馆馆藏资源,指定与课程相关的经典著作及最新研究成果作为参考资料;网络学堂中上传的历史地图集、课程电子文档、音频视频资料以及影视资料,是本课程重要的教学资源;从国外博物馆和高校购买仿制一定数量的教具,收集和整理一些课程资料,对本课程的教学资源形成重要的补充;北京的公立、私立博物馆的展览是课堂实践教学的重要资源。

(二)成绩评定方式

本课程的考核方式分为过程性考核和终结性考核,其中:过程性考核构成平时成绩,占总评成绩的50%;终结性考核形成期末成绩,占总评成绩的50%。过程性考核包括考勤、课堂讨论和作业,在平时成绩中的占比分别为25%、25%和50%。期末采取闭卷考试形式,即终结性考核,占总评成绩的50%。

(1)期中作业是过程性考核的重要内容,选取优秀、良好、一般三份作为依据存入期末课程档案。本项考核方式的依据是学生根据教师布置的主题完成,并提交1次个人纸质作业,如读书报告(授课过程中的相关参考书目)、文献综述、重要学术问题的个人心得等,以提升学习效果。满分100分。依据作业提交情况,拟定5级(90~100,80~90,70~80,60~70,60以下)评价量规表,并据此进行成绩评定,占平时成绩的50%,最后按比例归入最终成绩。

（2）考勤以课堂点名方式进行，全勤情况得分为100分，缺勤一次扣10分，但缺勤3次即无考勤成绩，缺勤5次取消考试资格；占平时成绩的25%，最后计入总评成绩。

（3）课堂提问和讨论。依据课堂讨论的发言次数及积极程度给分，设计5次以上的课堂发言机会以及课堂讨论。有1次课堂发言或完整课堂笔记即得满分。无任何发言或无笔记，记为课堂讨论分数项不及格。

（4）期末闭卷考试。卷面内容为所有章节的重点和难点问题，分是非判断、名词解释、简答题、分析论述题4个题型，卷面100分，占总评成绩的50%。试题答案可灵活控制，能够基本掌握历史史实，能够基于史实回答问题，即可得相应分数。如有个人观点，言之成理且能引用文献证明的，也可得分。

（三）教学效果

本课程较好实现了内涵丰富、启发式教学、学生乐于学习、提高学生专业素养和能力的专业必修课程的教学目标，建设了丰富完善的课程资料库，获得了优良的教学效果，历次教学质量评价都在90分以上，多次获优。加强教学设计也取得了很好的效果，受到学生的普遍欢迎。在讲古代两河流域的时候，让学生临摹、抄写自己的楔文名字，这样的教学体验活动深受学生喜欢，同学们积极踊跃参加尝试。有的同学说，"给我印象最深的还是楔形文字，第一因为它是目前已知的世界上最古老的文字，还有一个原因是老师上一节课让我们用楔形文字来写自己的名字，我觉得十分有意思，好像跟两河流域的文化走近了一样"。还有很多同学反映，"楔形文字的结构在某些方面与汉字有着异曲同工之妙，象形、指事等六书在楔形文字中也有所体现。且在课上时还查找了自己名字的楔形文字写法，让我印象更为深刻。如果还要上一节两河流域的课，我希望可以对楔形文字有更为深入的讲解"。通过这样的教学体验活动，加深了学生对课堂上讲授的知识点的理解，同时又激发了学生进一步学习和探究的兴趣和热情，很好地实现了教学目标。

四、世界古代史课程特色与创新

世界古代史是高校历史学专业本科生的主干科目之一，随着社会的不断发展，传统的教学内容与方式已不再适应社会发展所需。为了适应北京联合大学地方性应用型大学的定位，历史学专业把培养"立足首都，服务京津冀，培养具有高度文化自信和文化自觉，以传承中华文明，保护文化遗产为使命的应用型史学人才"作为育人目标，这对教育设计理念、课程教学体系、课程教学内容优化以及教学方法改革等方面都提出更高的要求。

（1）基于OBE教育理念设计教学。本课程以学习结果或效果为指导，对照培养目标，依据"回溯式"原则设计课程教学内容，改革教学方法和组织教学过程。课程内容和能力相结合，重视对学生专业知识、实践技能和职业素养的培养，以学生为中心，教师指导并提出建设性建议，学生合作学习，从而最大程度上保证了教育目标与学习成果的一致性。

（2）优化教学内容，尝试专题式教学。广泛地吸收和整合国内外世界古代史研究的最新成果，借鉴国内外世界古代史教学的先进经验，以历史学（文化遗产保护与利用）专业培养目标和需求为指导，设计教学内容；同时打破现有教材章节顺序，进行专题式模块划分，完善专题式教学。

（3）改革教学方法，设计"六环节、四层次"的课程教学体系，以课程目标指导课程教学，课程教学服务于培养目标。本课程综合运用讲授式、问答式、研讨式、沉浸式、体验式等多种教学方法，特别将沉浸式、体验式教学方法引入传统史学理论课堂，精心设计"六环节、四层次"的课程教学体系。"六环节"是课前预习、重点讲解、观摩体验、问答讨论、总结归纳、课下复习和拓展6个教学环节；"四层次"是指知识层次的课堂讲授、研究层次的课堂研讨、体验层次的动手实践、运用层次的学术写作；"六环节、四层次"通过翻转课堂得以融通，解决了传统史学课堂教学枯燥乏味、深奥难懂、重理论无实践的弊病，极大提升了课堂活跃性，激发了学生的兴趣和热情。

五、结语

进入21世纪，中国的世界古代史研究和教学取得了新的进展。中国的世界通史理论观念的发展，推动了中国世界史教学的进步。传统的世界古代史教学倾向于解决确定的、线性的、静止封闭问题的教学模式，OBE模式以学习结果或效果为指导，指明了世界古代史课程改革和建设的正确方向，提出了持续探索、改革和建设的新要求，对培养高素质、综合性、应用型专业人才有着至关重要的意义。在今后的世界古代史教学中，需要重点加强以下几个方面的建设。

第一，拓宽学术视野，统筹教学内容，融入最新科研成果，把教学内容与新的学术研究成果结合起来，拓展教学的深度和广度，提高教学的学术品位，以便在教学中更好地激发学生的创新思维，培养学生的学术兴趣，提高学生的理论思考和学术创新能力。

第二，打破现有教材章节顺序，进行专题式模块划分，完善专题式教学。学生可以依据自身的兴趣与所长，通过个性化选择进行学习。同时，教师不再根据教材告诉学生固定答案，而是积极启发学生进行思考，允许学生通过其他学科的角度与视野去全方位地了解世界历史，寻找更多的答案和解释。

第三，加强专题式小论文的写作训练。这种研讨式教学模式以学生为主导，教师不再居高临下，而是从知识的传授者变为与学生共同交流、共同探讨学习内容的参与者。这有助于提高学生对事物的判断能力，更有助于培养学生的独立思考和创新能力。

第四，加强实践教学设计。实践教学对培养学生课程学习兴趣、巩固深化知识有着重要作用。

参考文献

[1]徐蓝. 20世纪以来世界历史观念的发展与中国的世界史教学[J]. 课程·教材·教法，2013（10）：52-62.

[2]刘黎. 高校世界古代史教学和研究的几个问题[J]. 长春大学学报，2013（12）：1692-1694.

[3]蒋家瑜. 文明交往视角下的楔形文字文明：兼谈高校世界古代史课程中古代西亚部分的教学框架[J]. 历史教学，2019（8）：66-72.

试论基于历史学学科基础的文物修复学

——学科体系构建探索[*]

周 华[**]

摘 要：应用史学人才培养是应用型人才培养的重要方面，是部分历史学专业转型与发展的重要方向，本文阐述了构建文物修复学这一新的应用史学专业方向的必要性和可行性。文中重点讨论了文物修复学的学科体系框架，提出了文物修复学专业建设新思路：以历史学、考古学、艺术史为基础，构建对文物及文物修复技术的历史价值认知的知识与能力的课程体系；以物理、化学、材料学等自然科学及工程科学为基础，构建文物材料学及保护材料学知识与能力课程体系；以文物修复工艺学及伦理为基础，构建恢复破损文物原状为目的的技能与理念的实践课程体系。

关键词：应用史学；文物修复学；历史价值；材料学；跨学科

一、引言

2018年1月30日，教育部发布《普通高等学校本科专业类教学质量国家标准》，该国标突出产出导向，要求各专业主动对接经济社会发展需求，切实提高人才培养的目标达成度、社会适应度、条件保障度、质保有效度和结果满意度。"应用型人才"，是从学科知识体系与社会需求、社

---

[*] 本文获2019年度北京市属高校高水平教师队伍建设支持计划青年拔尖人才培育计划项目（编号：CIT&TCD201904074）资助，北京联合大学教改项目"基于校企合作的'3+2+2'文物保护与修复贯通培养课程体系与培养方案的优化研究"支持。

[**] 周华（1984—），博士研究生，北京联合大学应用文理学院副教授；研究方向为文物保护与修复、文物无损检测。

会实践相结合的角度出发,强调将专业知识和技能应用到实际的生产、生活和文化等领域的一种人才类型。"应用型人才"也成为部分本科及专科学校人才培养的方向。

尽管"应用型人才"的培养已经全方位地在中国高校得到实践,但是作为基础学科的历史学,在这方面的努力还相对滞后。在以市场为导向的专业人才需求中,历史学的本科教育日益显露出自身的疲弱,在20世纪末21世纪初,由于招生就业的困境,很多历史学专业相对萎缩,甚至出现大量撤销的局面,在二、三本院校中尤为明显。探究其原因,可知长期以来,史学一直被作为单一理论专业来对待,只强调总结规律的一面,而忽视指导实践的一面,从而使史学的社会作用得不到应有的重视,未能从理论上探讨和解决史学的应用问题。

实际上,应用史学能够促进理论史学同其他社会科学学科(甚至还有自然科学学科)的相互联系,史学同其他学科的交结点和边缘区往往是空白的,有极大的发展空间。本文论述的就是历史学在文博领域的交叉应用。

根据国家文物局组织的调查,考古文博类人才培养模式存在的主要问题有:第一,人才的培养模式与现实需求严重脱节,集中表现在学历教育中的课程框架、培养体系乃至学科理念都与文化遗产事业的现实人才需求相冲突,职业技术教育更呈现出混乱无序的状态;第二,高等院校中考古学、文化遗产管理、博物馆学、文物保护技术等专业设置极不平衡,文化遗产管理、文物保护技术等专业的设置寥寥无几。

考古学在历史学框架下,已有半个多世纪的发展,学科体系成熟、稳定,为我国的文化事业发展作出了巨大贡献。但是文物保护与修复相关专业的设置与学科发展相对缓慢,至今没有明晰自己的学科定位。全国虽然有20多所高校设立了文物保护或修复相关专业或研究所,但人才培养定位单一,多面向文物保护综合事业岗或研究岗,面向一线文物保护修复岗位人才培养者少,对文物保护修复师和文物保护科学家培养思路与界定模糊。

本文将详细介绍文物修复学学科体系的构建思路。

二、文物修复学学科体系探讨

（一）文物修复学相关概念

切萨雷·布兰迪在《修复理论》中提到：文物修复是为了维持某件文物物质性上的无欠缺性、为保证其文化价值的保全、保护而实施处理的行为。

在1999年的《巴拉宪章》中，修复的定义是：将现存的残片恢复位置，实现一个之前已知的状态，要移去添加物或者重构而不添加新的材料。

《中国文物古迹保护准则》提出：修复包括恢复文物古迹结构的稳定状态，修补损坏部分，添补主要的缺失部分等。

文物修复学是根据历史学、考古学、艺术史的特征来认识文物的真实性及完整性，根据材料学方法识别与评价文物材料病害，根据文物修复工艺学实践掌握修复技法，根据现代文物保护理念确定并执行修复方案的新型交叉学科。

（二）文物修复学学科体系框架

针对文物修复学学科体系的构建问题，可以从不同的角度和分类出发，形成不同的学科体系框架，但均应能够体现出学科的研究对象、特点、核心内容和分支任务，能够为学科的建设和可持续发展提供导向。

本文构建文物修复学学科体系的思路是以文物修复学的研究对象为切入点，按照"理论—方法—应用—分支学科"的逻辑主线，构建了以"理论体系—方法论—应用实践"为核心内容支撑，以分支学科为导向的文物修复学学科体系框架。该体系包括：①文物修复学的研究对象。明确的研究对象是学科的立足之本，它涵盖的基本要素既能彰显出学科自身的特点和不可替代性，也能表现出与相关学科的联系及区别。②文物修复学的核心内容（理论体系、方法论和应用实践）。理论、方法和实践三者相辅相成，构成一个严密的系统，是学科的重要组成部分，也是学科发展的主要推动力。③文物修复学的分支学科。按照研究对象、研究范围和手段的不同，可细分为不同的分支体系。

（三）文物修复学的研究对象

文物修复学的研究对象包括：传统文物修复技术（文物修复相关非物质文化遗产）传承与研究，文物材料及文物修复材料研究，文物制作工艺与技法研究，现代文物修复工艺研究。涉及的领域以历史学与文化遗产为主，但离不开自然科学与艺术学。

（四）文物修复学的核心内容

1.价值评估

价值评估是文物保护与修复工作中一项基础的概念，文物保护修复的第一步便是挖掘文物的价值。

文物的价值内容包括文物的历史、艺术及科技价值的挖掘与评估。文物的价值挖掘与评估是开展文物保护工作的先决条件。对文物历史价值的研究离不开考古学及历史学的学科支撑，对文物艺术价值的研究离不开工艺美术史和艺术史的学科支撑，对文化遗产科技价值的认知则需要科技史与科技考古学的学科支撑，而后才能开展材料层面的病害诊断、方案设计、修复方案实施，及评估修复效果。

2.材料学

材料与价值是文物的两个维度。价值作为文物精神的一面，是传承、保护的核心内容；材料作为文物的物质载体，同样需要保护与保存，"皮之不存，毛将焉附"。延长文物的有效寿命，延缓文物的劣化时间，是文物保护工作者的历史使命。

文物的材料学涉及文物材料学与文物保护修复过程中应用到的材料学问题，文物材料学则属于古代材料研究范畴，与文物科技价值认知有相通之处，需要开展科技史与科技考古学、工艺美术史等研究与调查；文物保护修复材料学则需要开展材料工艺与材料发展史、材料研发、材料耐候性、材料相适性研究。

从以上两点可知，文化遗产保护与修复研究及人才培养离不开史学与应用史学相关知识的掌握与学习。或者说以考古学、文物学、博物馆学、历史学为核心知识的史学，以科技史、科技考古、技术艺术史、工艺美术史、各类材料学史为核心知识的应用史学,是文化遗产保护与修复专业的核心知识,是该专业学生需掌握的必要知识与能力。

3.文物病害调查与诊断学

在掌握文物相关历史学、化学、美学、材料学等基本知识与能力后,需要根据文物病害调查规范与方法对文物病害现状进行认知与评估。首先依据"不改变文物原状"与"最小干预"原则,优先采用直接观察法识别病害种类,将文物置于适当的光线条件下进行目视检查,对直接观察无法判定的病害,视文物的具体情况,进一步采用实验分析方法判定、识别病害种类,绘制病害图,记录病害分布位置。根据文物特点和仪器类型,应优先选用无损分析设备对文物病害进行识别。对不能通过直接观察及无损分析方法识别的病害,根据文物的具体情况并按照相关规定,采用取样分析的方法确定。病害分析内容不仅包括病害的识别、测量,还需要确定病害的性质,将其分为稳定性病害、活动性病害和可诱发性病害。经过以上调查与诊断,综合得出该文物的健康综合情况,为下一步的修复方案提供支撑。

4.文物修复工艺学

文物修复工艺学不仅包括传统文物修复技艺的内涵与价值的挖掘、研究与传承,涉及田野调查、传承人口述史调查、文献索引、传承人脉络梳理、技术的考证、技术的革新、技术的传承;也包括为了达到更好的保护修复效果,对现代工艺的引进与改进。

在国际化趋势下,传统文物修复技术还应该面临传统文物修复技术的科学化。以传统文物修复工艺实地调查为基础,以现代科学知识和科学方法为科学化分析手段,并利用现代科学原理、科技理念进行工艺解释,揭示传统技术与工艺的科学内涵,实现技术的不断优化与提升,从口传身授到科学定性、定量,实现将工匠的传统经验上升为科学理论,进而全面推动现代科学技术和传统工艺的有机结合,最终实现建立一套规范化的传统工艺科学化体系的目的。

如本文作者在编写《金属文物修复工艺学》教材时,内容涉及美术基础、刻花、翻模与塑型、打磨抛光做旧、钣金钣工、焊接粘接、传统工艺与案例、工具制作等八个章节。

5.修复伦理

根据《威尼斯宪章》要求，第一，修复过程是一个高度专业性的工作，其目的是保存和展示古迹的美学与历史价值，并以尊重原始材料和确凿文献为依据。一旦出现臆测，必须立即予以停止。此外，即使如此，任何不可避免的添加都必须与该建筑的构成有所区别，并且必须要有现代标记。无论在任何情况下，修复之前及之后必须对古迹进行考古及历史研究。第二，缺失部分的修补必须与整体保持和谐，但同时须区别于原作，以使修复不歪曲其艺术或历史见证。第三，一切保护、修复工作永远应有准确的记录。

《中国文物古迹保护准则》则提出：文物保护修复需建立在文物真实性与完整性的基础上，保护修复过程中，要遵守最低限度干预、保护文化传统、使用恰当保护修复技术、防灾减灾等原则。

可见，文物修复并不是简单的科学与技术的叠加，而是涉及文化与意识形态，涉及行业伦理。只有在行业伦理指导下，依照程序，才可正确地开展文物保护与修复工作。

（五）文物修复学的研究方法

首先要对文物进行价值评估、工艺研究和病害调查，评估文物的劣化程度，确定是否需要开展保护修复工作；其次需要开展修复材料和修复工艺的筛选及实验研究，确定文物修复方案；再次在修复方案指导下，进行文物的修复实践工作；最后利用现代的科学仪器设备和检测方法对文物的修复效果进行评估。

当然，文物修复学需要与文物保存科学或文物保护技术紧密结合。文物保存科学的任务是研究环境、时间因素，各种物理、化学、生物等因素对遗产本体的作用机理和作用规律；结合考古及人文科学的研究方法，利用现代的科学仪器设备和检测方法对文物的材质与文物表层、内部结构、构造特性进行研究，判断文物的信息与价值；进行如何将文物资料长久保存的预防性保护研究。这些科学探索和研究为文物修复学在修复材料、修复技艺上的选择提供了理论支撑。

文物修复学专业的培养目标就是要让所有学习文物修复的毕业生能够运用文物修复理论与方法，独立开展文物病害描述绘制及修复工作，同时具备组织多学科合作的科学素养，与文物保护技术专业人员合作确定文物的受损状态，能够预防、保护和修复文物，并减少文物材质的进一步退化；可以根据正确的艺术和文化价值对文物进行分类，能够深入了解预防措施所需要的保护和修复方法，系统掌握专业技术知识。总之，文物修复学专业的教育宗旨是培养学生识别与评价文物病害，并拥有高超的手工技能和灵敏的艺术敏感度。

（六）文物修复学的分支学科

文物修复学由众多分支学科组成，各分支学科间互有联系，有时又自成体系。本文按照文物修复项目实施的逻辑性及材质对文物修复学进行分类。

根据文物修复项目实施的逻辑性进行分类：①文物的价值评估学，以文物的历史脉络为研究对象，重点研究文物的历史价值、艺术价值、科学价值，以及文物的传统修复技法与修复史。②文物病害诊断学，以文物材料的病害为研究对象，重点研究文物材料病害分析、识别，开展病害测量，对病害性质作出判定，并基于文物多样化特点实行病害综合评测，在此基础上探讨文物修复方案。③文物修复工艺学，以文物修复技法与文物修复材料为对象，重点开展传统文物修复技法的传承与科学化研究，现代修复技法研究；传统文物修复材料的传承、科学化、改性研究，现代修复材料的研究及修复材料筛选、修复效果评估等若干科学问题。

根据"板凳理论"，对文物修复学进行分类。曾有一位外国专家把文物保护修复领域比喻为一个三条腿的凳子：一条腿是历史／艺术史（history/art hitory），一条腿是科学（conservation science），一条腿是匠人的艺能（studio art）。当然还不能缺椅子面，有了椅子面才能真正坐得稳，这个椅子面就是保护修复伦理（conservation ethics）。由此可见保护修复伦理的重要性。大多数时候我们总把文物修复当成一门技术科学，实则文物修复是一门非常复杂的决策科学。文物修复方案的制定、决策及执行由许多因素决定，如经费数量、材料稀缺、文化异同、保护原则、保护修复伦理等。在文物的价值评估学、文物病害诊断学、文物修复工艺学基础上，文物修复学的学科分支还应该包括文物修复伦理学。《奈良真实性文件》《曲阜宣言》《北京文件》中都强调了中国木构建筑遗产的特殊性，在中西方开展古陶瓷、古书画、青铜器等保护修复工作时暴露的理念差异与冲突，充分表明构建基于中国文化特点的修复伦理学的必要性。

材质不同，则修复方法、修复理念各有异同。根据文物材质不同、脆弱性不同，可以分为陶瓷文物修复学、金属文物修复学、纸张文物修复学、纺织品文物修复学等；或者归类为硅酸盐类文物修复学、有机质文物修复学、金属文物修复学等。

三、文物修复与文物保护的异同

前面论述了文物修复的概念，这里不再赘述。狭义上的文物保护指的是研究文物在内外因素影响下的变化规律，应用科学技术手段，对抗自然力对文物的破坏，延缓文物的劣化时间，延长文物的寿命，使文物尽可能长久地发挥作用。在西方，文物保护科学是一门多学科交叉、需要理工科学术背景的科学，在中国也同样如此，教育部本科专业目录中的文物保护技术专业招生以理科学生为主。文物修复则有较大差异，在西方多以美术或艺术学院开设文物修复专业为主，采取本硕连读模式，兼顾多个学科的知识与能力；中国的文物修复专业刚刚起步，多设置在艺术学或历史学门类学科里面。

根据前面的描述可知，在西方文物保护界，文物修复师需掌握一定科学知识，能独立或与文物保护科学家合作进行材料修复、工艺选取等工作，以动手修复为主；文物保护科学家的研究课题与修复师面临的实际问题息息相关，他们从事文物保护基础研究，如材料病变老化机理、保护材料与工艺研发等，同时也对文物进行科学分析，然后与包括修复师、艺术史家在内的博物馆其他专业人员共同合作，确定文物修复的测试、评估和最终方案。文物保护科学属于自然科学的范畴，而文物修复则更倾向于历史学的学科延伸。

四、文物修复学学科发展前景

文物修复学是实践性很强的应用科学，以继承总结传统文物修复技艺为核心，吸取引进其他学科的理论与技术，逐渐发展完善形成自己特有的科学体系。

文物修复学需要采用多种学科的方法研究并解决如何修复好文物的诸多难题，这要求我们把传统文物修复技术和自然科学技术、历史学、艺术学知识结合成为一个创造性的综合体，在文物保护及修复伦理和理念下，不断实践和验证，最终用于文物的保护与修复工作。

在2015年开展的文博系统首次关于全国文物修复人员的调研中，参与调查的533家文博单位中，92%的单位认为文物修复人员配备不足。

此外，高等院校文物保护与修复人才培养质量与文化遗产事业的发展需求存在较大差距，严重滞后了文物保护行业的发展。为此，我们应着力围绕文物保护与修复高等教育领域开展学科理念、专业设置、培养模式、课程体系等探索与研究，形成文物修复学、文物保护技术、文物预防性保护等多个跨学科专业或课程群；加强文博行业和文物保护与修复相关专业建设产教融合，努力解决目前人才队伍在整体上数量明显不足的状况，提升我国文物保护与修复的教育水平。

五、结语

文物修复学作为应用史学具有一定的理论基础。作为跨学科专业，基于文物的精神属性与物质属性，以历史学、考古学、艺术史为基础，构建文物的历史脉络知识与能力的课程体系；以物理、化学、材料学等自然科学及工程科学为基础，构建文物的材料学知识与能力课程体系；以恢复破损文物原状为目标，构建文物修复工艺学知识与技能的课程体系。

文物修复学应用史学人才培养有着广泛的发展前景和就业市场，在国家高度重视中华优秀传统文化传承发展的背景下，加强历史学在文物修复学教学中的作用，加强应用史学教学研究，加强历史学与自然科学的融合，聚焦文化遗产，以新理念、新模式、新学科探索培养文物修复学高素质技术型人才培养模式已经成为突破行业高端人才紧缺现状的重要途径。

参考文献

[1]王梅.我国高校人才培养模式的演变及未来走向[J].课程教育研究，

2016（1）：5.

［2］中华人民共和国教育部. 普通高等学校本科专业类教学质量国家标准［S］. 北京：中国标准出版社，2018.

［3］胡玉霞. 地方高校历史学应用型人才的人文素养培育路径探析［J］. 白城师范学院学报，2016，30（12）：32-35.

［4］沈一民. 历史学"知识应用型人才"培养模式的构建［J］. 继续教育研究，2004（7）：104-106.

［5］徐善伟. 公共史学在中国高校发展的可行性及目前存在的问题［J］. 史学理论研究，2014（4）：16-19.

［6］段清波. 论文化遗产的核心价值［J］. 中原文化研究，2018（1）：102-110.

［7］切萨雷·布兰迪. 修复理论［M］. 陆地，编译. 上海：同济大学出版社，2016.

［8］容波. 陶质文物病害评估研究［J］. 文物修复与研究，2014（00）：83-89.

［9］张晓彤，詹长法. 万古传物 百年树人：浅谈文物修复人才现状及教育［J］. 遗产与保护研究，2016（1）：122-125.

思政案例

且有真人而后有真知

——庄子对"知"的态度

傅凤英

傅凤英，1971年生，中国人民大学中国哲学专业博士，现为北京联合大学应用文理学院历史文博系副研究员，主讲课程有道家道教文化专题、中国传统文化概论。

课程名称： 道家道教文化专题
思政案例名称： 且有真人而后有真知——庄子对"知"的态度

课程简介

道家道教文化专题是历史学专业的本科生选修课，该课程旨在拓展历史学专业学生的知识面，在史学的专业基础上，增加传统文化的元素。了解中国传统文化的重要组成部分——道家、道教文化。道教是中国土生土长的宗教，道教思想源于中国传统文化特别是道家文化。作为中国传统文化三大支柱的道家思想，在历史的长河中，参与了中华民族精神的孕育和塑造，是中华民族精神不可或缺的思想宝库。通过学习本课，学生对中国本土道家、道教文化有基本了解，进一步培养学生对中国传统文化的兴趣，提高学生的文化底蕴，引导学生阅读中国传统文化古籍，提高文化辨识能力和跨文化交流能力，培养学生的文化自信。同时结合党的十九大报告中提出的"文化自信"与中国传统文化的关系、宗教中国化问题，以及党的二十大报告中对传统文化提出的进一步要求，思考如何在新形势下，与时俱进，吸取道家、道教文化中有益于当今的时代精华。

思政案例简介

本课程教授过程中全程贯穿两个思政融入点：

（1）关于文化自信。党的十九大报告提出："文化自信是一个国家、一个民族发展中更基本、更深沉、更持久的力量。必须坚持马克思主义……推动中华优秀传统文化创造性转化、创新性发展，继承革命文化……更好构筑中国精神、中国价值、中国力量，为人民提供精神指引。"这是包括文史哲在内的所有文科课程都需要融入的一个主题，也是本课程授课的主要方向。

（2）关于宗教中国化。党的十九大报告提出："全面贯彻党的宗教工作基本方针，坚持我国宗教的中国化方向，积极引导宗教与社会主义社会相适应。"这是对包括本土道教在内的所有宗教文化在中国发展的基本方向，也是本课程涉及道教文化时的基本立场。引导学生把道家、道教文化放在中国传统文化的大背景中，了解中国道教的独特之处，并思考在当前形势下道教如何与时俱进的问题。

教案设计

一、教学目标

本讲在对老子和庄子有基本了解的基础上，将庄子重要的"知"论单列出来讲，立足于道家的"无为之道"，透过老子隐含的对"知"的态度，引出庄子对"知"更鲜明的立场。让学生在对老子"无为之道"的正解基础上，进而对庄子的"知"论有正确的理解，并能够联系孔子的"为己""为人"之学的区别，理解庄子对"真知""假知"的区分。真正理解庄子对"真知"的肯定，乃在于其对道的追求，"体道真人"，将真知系于真人，"且有真人而后有真知"。由此进一步理解庄子将"假知"判为杀人的凶器，乃在于其背离"道"。

同时，通过本讲内容的学习，引导学生通过对前哲先贤对待知识的态度，结合自己的学生身份，明确自己学习的目标、价值和意义，以德为首务，正确理解孔子倡导的以"治国平天下"为最终目标的"为己之学"，庄子提倡的摒弃"成心"的"真知"，树立正确的学习态度。

二、教学内容与重难点

（一）教学内容

庄子的"知"基于老子"无为之道"；由"无为之道"引出老子对"知"的态度；综上引出庄子对"知"的态度。

（二）教学重难点

理解庄子的立论基础是"无为之道"，主张"体道真人""且有真人而后有真知"，将真知系于真人。由此进一步理解庄子将"假知"判为杀人的凶器，乃在于其背离"道"，不合"道"。

三、学生特点分析

本课程为专业选修课，作为文史哲专业的学生，有一定的历史学背景基础。但有一定比例的学生其实对哲学思想理解得不透彻，需要由浅入深地打通。本课程为选修课，有一定比例的学生是从个人兴趣出发，对相关内容有一定的涉猎，这部分学生的理解能力和学习积极性相对比较高。

四、教学策略

理解庄子的思想其实有一定的难度，考虑到学生的实际情况，本讲之前已经有一节的内容铺垫，以原文略读的方式学习了《庄子》里几个典型的寓言故事，对庄子的基本思想加以循序渐进地概括和分析，再回到其理论要点上来。本讲在此基础上，在概括性地阐述理论要点的同时，有针对性地选读相关寓言小故事作为支撑，帮助学生理解其理论所含的意蕴，尽量使学生能融会贯通，领会庄子的精神。

五、教学方法

以课堂PPT为主，理清问题的逻辑线索，并辅以代表性经典片段选读，增强其说服力。另外，以讨论小问题的形式提前让学生去了解一些背景知识点，提前储备，为本节内容做一些知识拓展性预习。如：孔子说：

"古之学者为己，今之学者为人"，这里的"为己"之学和"为人"之学是什么意思？老子说"为学日益，为道日损"，"日益"益什么，"日损"损什么？

庄子经典故事选读：选取你最喜欢的一个典故谈谈自己的体会和看法。

六、教学进程

正式开讲前，通过提问、提示、拓展等方式，温习回忆前置相关章节的内容，分析总结概括其内容要点，承上启下，引出本节涉及的主要内容，引导学生学会融会贯通，用比较异同的方法思考问题，并联系社会现实、自己的人生际遇等方面，学以致用，学会多角度、全方位地独立思考问题。

支撑材料

附件1：案例PPT课件
附件2：案例参考资料

附件1　案例PPT课件

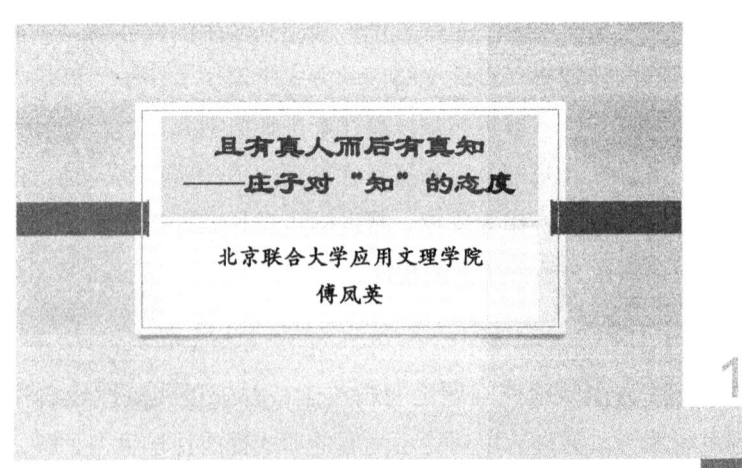

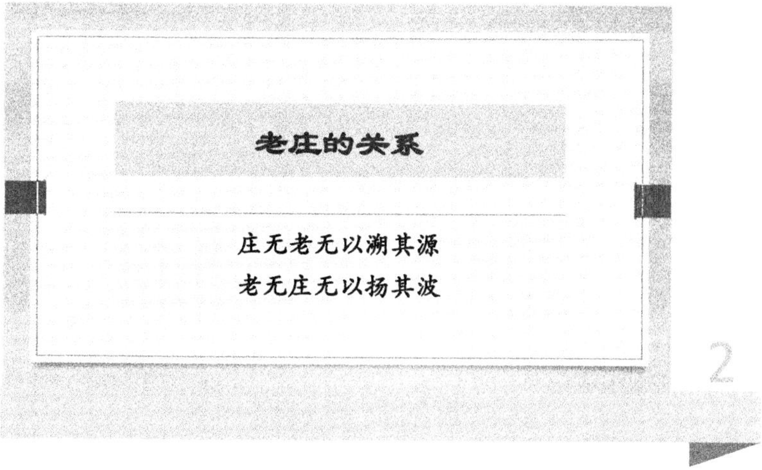
老庄的关系
庄无老无以溯其源
老无庄无以扬其波
2

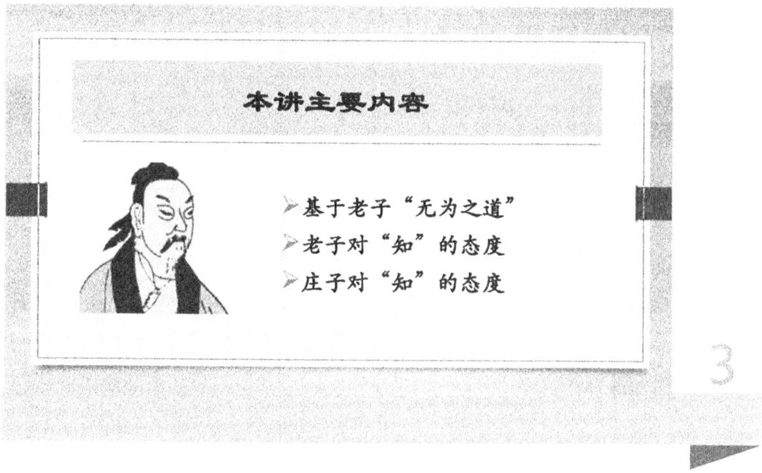
本讲主要内容
基于老子“无为之道”
老子对“知”的态度
庄子对“知”的态度
3

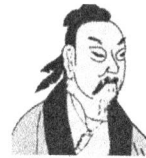

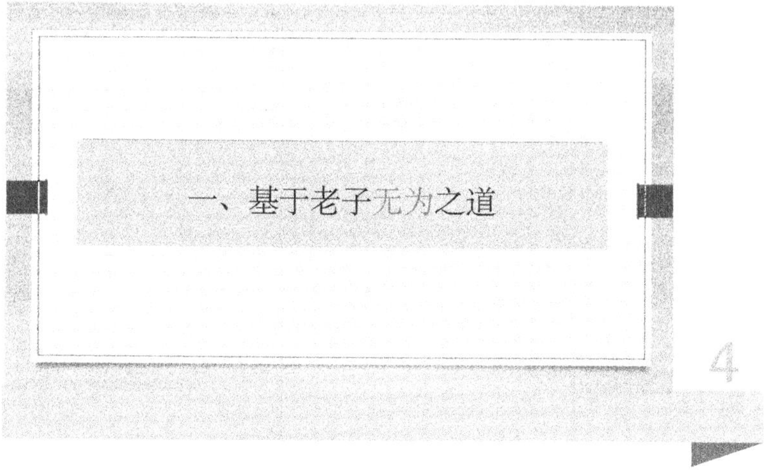
一、基于老子无为之道
4

"无为"即"自然"

- 在中国文化传统中，相对于儒家重现实的特点，道家文化的主要特色是重自然。
- 道家以"自然"为本位，侧重于从"自然"出发来观照人生、社会和宇宙，强调自然是人生的根本，主张顺应自然，回归自然。
- "无为"一词在《老子》五千言中出现过13次之多。

"自然"即"道"

- 《老子·二十五章》：人法地，地法天，天法道，道法自然。
- 在老子看来，万物无一例外地都根源于"道"，而"道"并不凌驾于万物之上，"道"的最基本特征是自然。
- 庄子认为"物无贵贱"，站在"道"的高度观照万物，认识到万物并无贵贱高下之别，就能平等地看待一切，包容一切，"以道观之"，也就是以"自然"的角度来审视一切。

"道"法"自然"

- 既然"道法自然"，那么"无为"即"自然"，即顺其自然，因势利导之义。"无为"是"道"所遵循的原则。
- "知常曰明。不知常，妄作凶。"（《老子·十六章》）如果违背自然规律，必将受到惩罚。
- 由"无为"又引出"不争""不言"，如右：

- 《三章》"不尚贤，使民不争"
- 《八章》"水善利万物而不争""夫唯不争，故无尤"
- 《二十二章》"夫唯不争，故天下莫能与之争"
- 《六十六章》"以其不争，故天下莫能与之争"
- 《六十八章》"善用人者，为之下，是谓不争之德"
- 《八十一章》"圣人之道为而不争"
- 《二章》"是以圣人处无为之事，行不言之教"
- 《四十三章》"不言之教，无为之益，天下希及之"
- 《五十六》"知者不言，言者不知"
- 《七十三章》"天之道，不争而善胜，不言而善应"

112

无为之道：无为而无不为

- 道家这些思想曾一度被曲解为消极悲观的代名词，把"无为""不争""身退""不敢为天下先"等语句看成悲观、厌世、消极避世的隐士哲学。
- 殊不知，道家的"无为"，是跟"无不为"连起来讲的。

- 道家讲"无为"，讲"自然"，不是要人们无所事事，而是要人们本着"无为"的原则做事，而后达到"无不为"的目的。
- 其实质含义是要人们顺应自然规律，掌握自然规律，因势利导，取得成功。

老子"无为而不为"正解

- 《老子》讲"生而不有，为而不恃""长而不宰""功成而不有""为而不争""利万物而不争"等，世人仅注意到老子所说的"不有""不恃""不宰""不争"等后半句，而不知前半句"生""为""长""成功""利万物"等话才是要害之处。
- 无为，最终是要无所不为；不争，其目的还是"天下莫能与之争"。"无为""不争"不是消极无为，而是排除违背自然规律的肆意妄为，以求有大作为。
- "不争""不言""无为"，并非消极悲观的处世态度，而是强调不乱争、不胡言、不妄为，要因循自然，不强作妄为，以无为而达到无不为。

"无为之道"之功用

- No.1. 化解人世的纷争——人生观
- No.2. 化解对生命的戕害——生命观
- No.3. 化解社会的浮躁——社会观

"无为之道"与"知"

- 对"知"的态度是道家"无为"思想的一个重要方面,也是道家思想引起争议和误解最多的地方。
- 道家代表人物老庄提出反"知",提倡"无为",与其提倡"贵生""重生"思想是相联系的。
- 道家"无为"不争的思想,体现在生命观上,就是通过生命的内在超越化解"有为"对生命造成的戕害。

11

二、老子对"知"的态度

◆ 绝圣弃智

◆ 绝学无忧

◆ 非以明民,将以愚之

12

老子反对的"知"究竟为何物?

◆ 一直以来,世人对于"知"的狭隘理解,使得老庄一度成为反知识的罪人,澄清误解的关键是要界定清楚道家反对的"知"究竟为何物。

◆ 道教的反"知",主要是针对"知"对人的生命造成的戕害而言,那么,戕害人生命的"知",究竟为何物?

13

114

02 思政案例

> 实际上老子讲绝学，是绝周代礼教之学；讲弃智，是弃一切奸诈巧智；讲愚民，是导民以质朴。

正是面对当时尔虞我诈的社会现实，老子才提出反对这种残害人生命的所谓"知"，提倡无为。

> 众人皆有余，而我独若遗。我愚人之心也哉。

老子自称"愚人"，可见"愚"并不是愚昧愚蠢之义，而是自然无为、质朴的本性。"愚民"更不是愚弄人民，反而是让人民摆脱被愚弄的心灵戕害，恢复到质朴状态。

- 老子的所谓"愚民"，与当权者实行愚民政策意义上的"愚民"意思大相径庭。
- 当权者实行的"愚民"，反而正是老子反对的"有为"。当权者心血来潮时的肆意妄为，往往徒有其名且无其实，却给百姓带来人力、物力、财力的极大浪费，人浮于事，百姓疲于奔命。
- 正是在这个意义上，老子把这类强加给百姓的所谓"知"，视为杀人的武器，呼吁当权者以"无为"为德，还百姓"愚人之心"，减少对百姓生命的戕害。

115

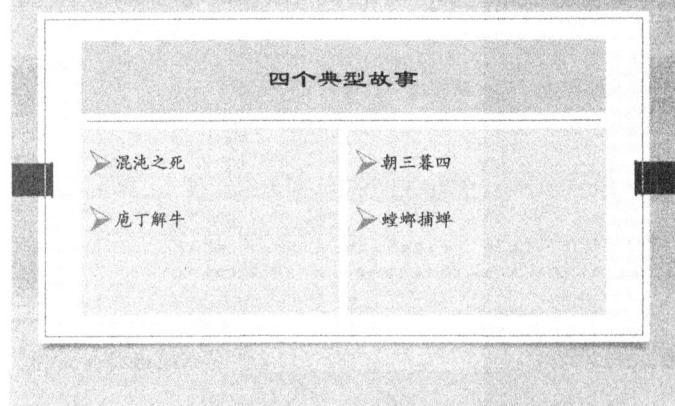

启发:"庄子精神"与真知

- 人生的苦恼,多因于对名利的难舍和对私利的贪着,对这种身外之物的贪着,往往付出的是一生绞尽脑汁的代价,最后却是一场空,什么也没抓住。

- 庄子洞达人生哲理,追求人生自由、放达,追求理想境界的精神。可以说庄子的整个思考就在于追求"真知"的过程。庄子提出"缘督以为经",不受外界名物引诱,待人处事要保持适度,要顺其自然、摈道执成、洁身自好、不为物役、追求精神的自由,才可以"保身""全身""尽年"。

附件2　案例参考资料

[1] 胡孚琛,等. 道学通论[M]. 北京:社会科学文献出版社,2006.
[2] 冯友兰. 中国哲学简史[M]. 北京:北京大学出版社,2010.
[3] 杨立华. 庄子哲学研究[M]. 北京:北京大学出版社,2020.

五四运动：新民主主义革命的开端

李自典

李自典，1979年生，2004—2007年在北京师范大学历史学院攻读博士，获博士学位。2008—2012年在首都师范大学历史学院中国史博士后流动站工作。现为北京联合大学应用文理学院历史文博系副教授、硕士生导师，社会兼职为中国城市史研究会理事、北京史研究会理事。

课程名称：中国近现代史（Ⅱ）
思政案例名称：五四运动——新民主主义革命的开端

课程简介

本课程为历史学专业必修课程，是中国通史的重要组成部分。本课程面向历史学专业二年级学生讲授中国近现代史的基本知识，主要包括1919年五四运动至1949年中华人民共和国成立期间的历史。课程秉持整体史观念，力图从社会政治、经济、外交、思想文化、教育等多层面反映社会变迁历程，并对社会各阶层、政党集团以及各民族等的活动进行全面反映。

通过学习本课程，旨在让学生切实了解近代以来中国人民探索救国救民道路的历史，让学生了解中国的国情，了解中国革命和当代社会主义建设的历史背景，使学生对中国历史在这一极其重要时期的发展演变情况进行总体把握。尊重历史，认识现实，培养和提高学生的民族自尊心和自信心，增强爱国主义情感和民族文化认同感。

思政案例简介

该思政案例的主题是讲五四运动，通过学习此案例，旨在让学生深刻了解中国革命发展的历程，通过学习五四运动的历史，有益于学生对党史国情的把握。该案例属于中国近现代史课程（下册）第一章第一节的内容，主要知识点包括五四运动、新文化运动等。通过教师讲授，学生需要学习了解及掌握的主要内容有：

（1）五四运动的爆发既有直接的导火索，也是三大历史条件（见后文PPT图片）共同作用促成的结果。通过分析五四运动爆发的历史背景、原因，使学生深刻认识到这一伟大爱国运动是顺应中国社会历史发展的产物。

（2）通过课堂讲述五四运动的发展过程，配合影片《我的1919》的片段播映，使学生真切感受影响五四运动爆发的诸多社会因素，通过总结五四运动的伟大意义，增强学生对五四精神的理解，增强学生继续发扬五四精神、争做新时代青年的爱国情怀。

教案设计

一、教学目的

（一）知识目标

（1）了解五四运动发生的社会条件及基本过程。

（2）明确五四运动发生的原因、结果及对中国历史发展的重要意义。

（二）能力目标

深入了解五四运动，学会从历史中汲取营养，继续发扬五四精神，为中华民族伟大复兴贡献新时代青年的力量。

二、教学内容及重难点

（一）教学内容

五四运动爆发的历史背景、社会条件；五四运动的发展过程及结果；

五四运动对中国革命和中国社会发展进程的重要意义及影响。

（二）教学重点

掌握五四运动的基本过程、结果及其历史意义。

（三）教学难点

深入分析五四运动的原因及对中国社会的影响，并联系实际，思考如何继承与发扬五四精神，争当新时代青年。

三、学生特点分析

（1）年龄特点：学生所处学期为大二第二学期，对于大学课程已经学习将近一半，对大学的课程要求比较了解，而且逐步形成大学学习习惯，在掌握基本知识点的前提下，多了一些自己的独立思考意识。因此对学习中国近现代史的知识要求有一定的学术探究性与理论性。

（2）知识特点：中国近现代史课程是学生初高中阶段就接触过的课程，学生已有所了解但不够深入。学生具备一些基础的历史知识，但对深层次的规律性认知不够。在此学习过程中，要求学生融会贯通，从历史的感知中学会辩证地看待问题。

（3）学习特点：学生学习态度比较认真，有一定的积极性，但学习过程中缺乏主动思考和开拓创新的意识，需要教师引导思考。

四、教学策略

讨论式教学。课堂上提出问题，组织开展讨论，提高学生的参与程度，激发学生进行思考，引导学生分析问题，归纳结论。

五、教学方法

（1）讲授与多媒体应用法。

以课堂讲授为主，同时注意引入多媒体手段。依据参考教材和课件、教学辅导资料等进行课堂讲授，注重引入课堂提问，激发学生对重要知识点的讨论。

通过播放反映五四运动的纪录片及电影《我的1919》节选片段，从影像展示五四运动的内容，增强学生对五四运动的直观感受，加深对五四运动过程及意义的认识。

（2）材料分析法。

通过引入史料文献，引导学生从材料中分析五四运动爆发的历史原因及社会条件，同时注意将最新科研成果介绍给学生，使学生了解最新的史学研究动态，不断开阔视野。

六、教学进程

（一）课程导入：（5分钟）

回顾上节课的内容，包括新文化运动的兴起、发展过程，进而由新文化运动的社会影响导入五四运动的历史背景。

（二）讲授新课：（27分钟）

（1）用史实材料分析，引导学生思考引发五四运动的社会历史条件有哪些。（15分钟）

（2）结合纪录片和《我的1919》等的视频播放，激发学生积极探讨促使五四运动爆发的原因有哪些。（12分钟）

（三）讨论问题，提问发言：（8分钟）

（1）提起学生运动，五四运动总是作为里程碑被人经常提起，你对学生运动有何看法？

（2）你认为五四运动对中国社会的重要影响是什么？

（四）归纳总结：（5分钟）

五四运动是一次伟大的群众爱国运动，也是一场空前深刻的思想解放运动。五四运动表现了彻底的反帝反封建的爱国精神。在运动中，中国工人阶级作为独立的政治力量登上政治舞台，促进了马克思主义在中国的传播及其与中国工人运动的结合，为中国共产党的成立做了阶级、思想和干部上的准备。五四运动揭开了中国新民主主义革命的序幕。通过学习五四运动的历史，启发学生总结五四精神及其在当代的价值，结合学习习近平总书记十八大以来关于五四的讲话精神，引导学生加深对五四运动的理解，增强爱国情感，引导学生在学习中自觉继承和发扬五四精神，争当新时代青年，为中华民族伟大复兴贡献自己的力量。

支撑材料

附件1　案例PPT课件

附件2　案例参考资料

附件1　案例PPT课件

五四运动：新民主主义革命的开端

北京联合大学应用文理学院　李自典

1

一、五四运动爆发的原因

基本原因 ⇒ 帝国主义对中国加紧侵略和北洋军阀政府的对外卖国、对内镇压政策。

◆ 1915年，日本乘欧洲列强忙于战争之机，提出"二十一条"，妄图把中国变为其独占殖民地。袁世凯死后，段祺瑞政府继续亲日政策，1918年5月《中日军事共同防御协定》签订，留日学生集体罢学回国抗议，成立学生救国会游行请愿。

2

五四运动的导火索——巴黎和会上中国外交的失败
参考观看电影《我的1919》片段

三大历史条件：
新的社会力量的成长壮大；
新文化运动掀起的思想解放的潮流；
俄国十月革命对中国的影响。

1. 民族资本主义经济的发展，促进新社会力量的成长

辛亥革命后，尤其在第一次世界大战期间，帝国主义国家忙于战争，放松了对中国的侵略，中国民族资本暂时获得发展的春天。其中纺织业、面粉业发展尤为迅速。随着民族资本企业的发展，产业工人队伍不断壮大，到1919年已经达到200万左右，他们成为革命的重要力量源泉。

2. 新文化运动掀起思想解放的潮流

随着新文化运动的深入开展，各地出现了一些进步社团、刊物等，如毛泽东等创办的新民学会，1919年创办的《国民》杂志等，不断宣传新文化、新思潮，逐渐在社会上掀起思想解放的潮流。

3.十月革命对中国的影响

① 十月革命削弱了国际帝国主义的力量，直接援助了中国人民的反帝斗争；

② 促使中国产生了一批具有初步共产主义思想的知识分子，带领中国革命逐步转向新民主主义；

③ 从多方面促进和加强了中国革命和世界各国人民革命斗争的国际联合，使中国革命有了前所未有的国际援助。

中国人找到马克思主义，是经过俄国人介绍的。在十月革命以前，中国人不但不知道列宁、斯大林，也不知道马克思、恩格斯。十月革命一声炮响，给我们送来了马克思列宁主义。十月革命帮助了全世界的也帮助了中国的先进分子，用无产阶级的宇宙观作为观察国家命运的工具，重新考虑自己的问题。走俄国人的路——这就是结论。

——《毛泽东选集》第2版第4卷

二、五四运动的过程

1.从5月4日至6月3日，为第一阶段，以北京为中心，青年学生为主力。

2.6月3日以后，运动进入第二阶段，运动中心由北京转到上海，运动主力由学生扩大为包括工人阶级、城市小资产阶级、民族资产阶级和众多爱国人士在内的广大群众。

三、五四运动直接斗争目标的实现

- 6月7日,北洋政府释放被捕学生。
- 6月10日,北洋政府下令免去曹汝霖、章宗祥、陆宗舆三个卖国贼的职务。
- 6月28日,拒绝在《凡尔赛和约》上签字。

四、五四运动的历史意义

1. 五四运动表现了彻底的反帝反封建的爱国精神。
2. 五四运动既是一场爱国政治运动,又是一场空前深刻的思想解放运动。
3. 五四运动中,中国工人阶级作为独立的政治力量登上政治舞台,促进了马克思主义在中国的传播及其与中国工人运动的结合,为中国共产党的成立做了阶级、思想和干部上的准备。
4. 五四运动揭开了中国新民主主义革命的序幕。

附件2 案例参考资料

[1] 欧阳哲生. 五四运动的历史诠释[M]. 北京:北京大学出版社,2012.

[2] 胡绳. 从鸦片战争到五四运动[M]. 武汉:长江文艺出版社,2019.

[3] 彭明. 五四运动史[M]. 修订本. 北京:人民出版社,2019.

[4] 周策纵,陈永明. 五四运动史[M]. 张静,译. 成都:四川人民出版社,2019.

[5] 全国政协文化文史和学习委员会. 回忆五四运动[M]. 北京:中国文史出版社,2017.

[6] 《中国近代史》编写组. 中国近代史(下册)[M]. 北京:高等教育出版社,2020.

四知美誉留人世，应与乾坤共久长

——《后汉书·杨震列传》选文解读

吕红梅

> 吕红梅，1979年生，汉族，中共党员，历史学博士，现为北京联合大学应用文理学院历史文博系副教授。主讲课程：中国古代史、中国古代文明、中国历史文献选读、历史文化遗产前沿信息专题、中国传统文化概论等。

课程名称：中国历史文献选读

思政案例名称：四知美誉留人世，应与乾坤共久长——《后汉书·杨震列传》选文解读

课程简介

中国历史文献选读是面向历史学（文化遗产保护与利用）本科学生开设的一门必修课，是专业核心课程之一。

本课程的开设目的是为学生阅读古代文献、了解和传承历史提供入门的工具。读懂文献，才能了解中国的悠久历史和灿烂文化，进而研究历史、传承优秀文化，树立正确的价值观。

该课程的主要内容有：文字学常识、经史子集四部文献选篇解读、古代文化常识及其蕴含的价值观。

课程特色：一是温情读史，塑造情感，师生共同体味典籍里的中国精神、中国价值，注重通过文献解读，塑造爱国、正义、孝道、公平等价值观；二是聚焦优秀典籍，细品精读，引领学生掌握阅读古书的能力，通过阅读古籍，使学生具备批判地继承古代文化遗产，发展、繁荣社会主义文化事业的能力；三是奠定知识基础，在专业课程群中发挥基础课的功能，为学生学习文化遗产学、民俗学、非物质文化遗产学等课程奠定文献学基础。

思政案例简介

中国历史文献选读是历史学专业必修课之一，含有丰富的、易挖掘的思政教育素材，是承担新时代传承历史文化、传递传统文化精髓、塑造学生价值观等任务的重要课程之一。

（1）饮水思源：作为语言工具课的思政意义。

中华历史和文化都蕴含在大量的史籍当中。中国历史文献选读始于文字学常识，既是历史学也是其他相关文科学科的语言工具课。古代汉语与现代汉语有着千丝万缕的联系，学习历史文选中蕴含的古汉语知识可以提高学生的古汉语水平，正如刘家和先生所说"给予学生的不只是一杯水或者一桶水，而是给了他们长流水的水源"。从字词入手，到选篇精读，学生可以从字、词汇的古今变化中领略中国传统文化的源远流长，读懂古文献，与中国古代史、中国传统文化概论、民俗学等课程的学习相互成就。

（2）遍选五经：千百年融入知识分子血脉的精髓，本身就是思政内容。

中国历史文献选读中的选文内容涵盖了传统文化的主体内容，是了解古代社会政治、经济、文化思想的必学科目。如经部文献的重要意义，自汉武帝罢黜百家、独尊儒术以来，"五经"就成为历代选官取士的必考内容；而朱熹的《四书章句集注》，自元仁宗始亦成为科举考试的内容（见《元史》卷81《选举志》）。"四书五经"是对中国古代知识分子影响最大的文化经典。如读《孟子》，我们知道了"富贵不能淫，贫贱不能移，威武不能屈，此之谓大丈夫"；读《资治通鉴》，我们知道了去何处"鉴于往事，有资于治道"……

通过学习，我们深刻了解古代社会知识分子的所思所想，学习他们治国理政的思想，避免他们受时代所限产生的局限，真正做到"批判地继承传统"，应用于现代，为实现中华民族伟大复兴而努力。

（3）家国情怀，古往今来，都蕴含在文选中各个鲜活的人物和故事里。

大学生是社会的先锋，他们富有激情和创造力，是创造者、传递者和接班人。大学生的价值观培养对社会发展至关重要。而历史学的核心素养之家国情怀对大学生来讲更是首当其冲。《大学》云："古之欲明明德于天下者，先治其国；欲治其国者，先齐其家；欲齐其家者，先修其身；欲修其身者，先正其心；欲正其心者，先诚其意。"正心诚意、修身齐家，古人的言行与榜样，都蕴含在文献中的人物和故事里。如《礼记》《论语》中的个人修养、《左传》中的孝道故事，通过学习，学生可以感受鲜活的历史，感受人物的喜怒哀乐与家国情怀，从而潜移默化地接受知识的传递和价值的塑造，成长为新时代的中坚力量。

《孟子》有言："天下之本在国，国之本在家，家之本在身。"家国情怀，是起点，也是终点，培养学生的家国情怀落脚于课程中，永不落幕。

教案设计

一、教学目标

（1）价值目标：品读古人廉政的故事，传承爱国、公正、公平的优秀品质，提升个人修养。

（2）知识目标：辨识古今词汇差异，了解古代社会政治环境变化对人物命运的影响。

（3）能力目标：读懂古文献，理解人物情感，能将史料运用到历史研究中去。

二、教学内容及重难点

（1）教学内容及课堂设计思路。

倒叙法，以故事导入新课：首先讲述四知太守的来历；其次依据选文,讲述为什么能够成"四知太守"(分为家庭传承、教师的作用、自身的努力三方面原因);再次,分析为何清官难有善终,引出古代专制社会的局限对个人命运的影响;最后,分析四知太守能流传千古,是因为正能量不会随时间的流逝而消失,坚守正义和道德才是为人处世之道。

(2)教学重点:古文今译;知识分子以天下为己任的使命感和责任感;公道自在人心。

(3)教学难点:杨震的牺牲在东汉末年的意义。

(4)对重点、难点的处理。

通过讲述重点,使学生了解杨震的为官经历、心中的信念和使命,解决难点问题,找到答案。即便社会暂时是黑暗的,个人抱负有碍于客观环境无法实现,但仍需要坚守正义,坚持个人理想和信念,才能于社会和国家有益,自身的能力也能够得到升华。

三、学生特点分析

(1)年龄特点:学生所处学期为大二第一学期,对于大学课程已经有一年的接触,了解大学的课程要求,初步形成了自己的大学学习习惯。大二学生对通史课程已经学习了一半,尤其是对中国古代史课程的学习,为本学期学习中国历史文献选读奠定了基础知识。

(2)知识特点:学生初高中阶段就接触过部分中国历史文献内容的课程,具备了一些基础的文言文知识,了解文言文的基本特点,但不深入。本科阶段的学习就是要更多、更深入地接触历史类的文献选文,在熟练解读的基础上学会研究应用。

(3)学习特点:学生学习态度比较认真,有一定的积极性,但学习过程中缺乏主动思考和开拓创新的意识,应试目的较强,对知识的掌握不牢固、不深入。尤其是文选课程比较枯燥,教师需要调整授课内容,让学生从古人的讲述中学到自己感兴趣的知识。

四、教学策略

(1)案例教学。课堂上通过本案例和其他案例的分析和讨论,引导学生分析问题,归纳结论,锻炼学生联系历史知识分析现实问题的能力。

（2）讨论式教学。课堂上设置问题和组织讨论，提高学生的参与程度，激发学生的参与程度，激发学生的学习兴趣和提高学生的注意力。

五、教学方法

（1）讲授法。讲授选文中的重点字词、涉及的文化常识和选文翻译等内容。

（2）案例法。以杨震的故事为引入点，通过分析各故事的发生背景、原因等使学生对杨震的生平有直观的印象，然后切入历史背景中的政治、思想原因进行重点分析，推导出个人品质的养成、社会对个人发展的影响、中国传统文化中的廉政因素来源等深层内容。

（3）落实OBE理念，以学生为中心：学生给古人当"法官"，通过辩论，明白廉洁的重要意义和古今传承。

（4）利用思维导图，锻炼学生的系统思维，深化学生对课程内容的理解。

六、教学进程

（一）课程导入：（5分钟）

由学生讲述"暮夜却金"的故事，引出主角杨震，教师启发学生思考，为什么杨震能够成为"四知太守"？引入第一个问题："关西孔子"杨震的学习生涯——求知也无涯。

（二）讲述重点一：（5分钟）

家庭教育、教师对杨震的重要影响，杨震自身的热爱学习和努力刻苦成就了知识渊博的"关西孔子"。

（三）讲述重点二：（10分钟）

杨震不畏权贵、清正廉明的主要事件，结合得罪权贵而获罪的经历，引导学生思考难点：在宦官专权、皇帝昏庸的时代，个人对正义和道德的坚守以生命作为代价，值不值得？

杨震的遭遇反映出东汉选官制度走向没落，引导学生探讨深层次的制度原因。

（四）讲述难点，并组织讨论：（10分钟）

围绕宦官专权的情况，思考：如何在这种环境下坚持正义？能不能做到保全自身又一心为公？

教师主导对杨震的评价，得出"公道自在人心"的结论，不管外部环境如何，对自身的要求不放松，坚守公平和正义，方得始终。

（五）提问学生，依据课本，检验学习成果：（10分钟）

学生翻译选文并总结发言，教师通过此了解学生对该内容的掌握情况及情感的熏陶程度。

（六）总结归纳：（5分钟）

学生归纳和教师总结相结合，引入学界研究成果，得出杨震是清官代表、学习榜样的结论，完成课程。

支撑材料

附件1　案例PPT课件
附件2　案例参考资料

附件1　案例PPT课件

"四知"养成记
一、入仕：厚积薄发，知天命始
二、为官：清廉正直，不畏权贵
三、归去：无力理政，饮鸩而卒

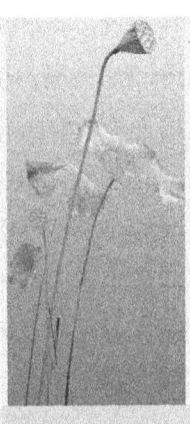

一、入仕：厚积薄发，知天命始

隐士杨宝之子
师从桓郁
五十出仕，官至太尉

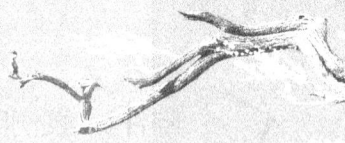

家庭教育很重要——

父亲杨宝，著名隐士，典故衔环报恩的主角。

宝生子震，震生秉、秉生赐、赐生彪，四世三公。

教师很重要——

桓郁的父亲桓荣在明帝为太子时为太子老师。

汉明帝时桓郁为太子老师。

1. 为国推荐人才，不畏权贵
2. 廉洁自守，不为子孙敛财

三、归去：无力理政，饮鸩而卒

学生为其伸冤，得昭雪

顺帝时，门生虞放、陈翼诣阙追讼震事。朝廷咸称其忠，乃下诏除二子为郎，赠钱百万，以礼改葬于华阴潼亭，远近毕至。先葬十余日，有大鸟高丈余，集震丧前，俯仰悲鸣，泪下沾地，葬毕，乃飞去。

——范晔《后汉书·杨震列传》，中华书局1965年版。

陈寅恪先生分析东汉后期的社会以及士人状况时说："东汉中晚之世，其统治阶级可分为两类人群。一为内廷之阉宦，一为外廷之士大夫。阉宦之出身大抵为非儒家之寒族，所谓'乞丐携养'之类。……主要之士大夫，其出身则大抵为地方豪族，或间以小族。然绝大多数则为儒家之信徒也。职是之故，其为学也，则从师受经，或游学京师，受业于太学之博士。"——陈寅恪《书〈世说新语·文学类·钟会撰《四本论》始毕〉条后》，《中山大学学报》1956年第3期。

四、结语

"不必求三步，惟当戒四知。"

——宋·刘克庄

古今结合，讲好杨震的故事，讲求个人修养，用正面的、积极的例子鼓舞人民群众对廉政建设的信心，进而增强制度自信。

附件2 案例参考资料

［1］董建辉. 杨震思想与平潭社会经济发展［M］. 厦门：厦门大学出版社，2011.

［2］段华庆，江茜，汪行舟. 却金暮夜：看东汉大臣杨震清廉政治之道［J］. 兰台世界，2015（10上）.

［3］孙家洲，李禹阶. 从杨震屈死一案看东汉统治体制的弊端［J］. 咸阳师范学院学报，2012（1）.

［4］萧仕平. 杨震的思想观念与文化背景［J］. 渭南师范学院学报，2011（11）.

中国古代开封犹太人被同化之谜

石竞琳

石竞琳,曾用名石涵月,汉族,北京师范大学历史学博士在读,现为北京联合大学应用文理学院历史文博系副教授。主讲课程有:世界近现代史、犹太文明之谜、中外文化交流史、西方宗教文化专题等。研究方向为世界文化史、犹太文明史、中外文化交流史。主持国家级等各级课题多项,发表论文近20篇。

课程名称: 犹太文明之谜
思政案例名称: 中国古代开封犹太人被同化之谜

课程简介

犹太文明之谜属于通识教育选修课。犹太历史与世界古代史、世界近现代史、中国近现代史等课程都有关联和交集,又正好是从专门史的角度对犹太史与世界各段历史相关联的内容作进一步的补充、阐释和深化。中华文明和犹太文明是世界上两个仅存的几千年来文化脉络没有中断的文明,两个文明有何共通之处?犹太文明值得我们借鉴之处有哪些?犹太人以占世界人口千分之三的比例何以能够取得占诺贝尔奖17%的成就?犹太人流落世界近两千年为何流而不散、散而不亡?为何能取得举世瞩目的成就?

课程通过启发式教学和专题讨论,以及案例法、比较法等教学方法,涵盖犹太文明的主要历史,揭示犹太文明之谜,使学生了解:犹太文明发展的基本脉络；犹太文明与其他文明的互动；犹太教与基督教、伊斯兰教的关系；犹太人与欧洲历史的关系；犹太文明对世界文明的主要贡献和影响；犹太复国主义的理论与实践；纳粹德国屠杀犹太人的原因；巴以冲突的由来；犹太文明在美国的成功发展；犹太文明与古代和近现代中国的关系；以色列的科技文化成就等。

学史使人明智，希望该课程通过对犹太文明的解析和研讨，使学生可以逐渐认识犹太文明的特质，丰富学生的世界史知识，开阔国际视野，提升人文素质。同时启迪思维，从犹太文明的发展中汲取有益的经验，更好地为中华文明的复兴和现代化建设服务。

思政案例简介

该案例属于犹太文明之谜课程中"犹太人在中国——中国古代犹太人"的知识点。犹太民族流落世界各地近两千年都没有被同化，依然保持了自己的民族特性。但是，犹太人唯独在古代的中国被中国人同化了，这是犹太人被外族同化的一个特例。这一历史现象引起了中外学者的浓厚兴趣，国际上也举办了多次学术研讨会。本思政案例就是讲授和讨论这一历史现象。

通过该课程的讲授，以期达到以下目标：

（1）使学生了解中国古代开封犹太人及其后裔在中国生活的概况。开封犹太人从北宋时来到开封，北宋皇帝准其"归我华夏，遵守祖风，遗留汴梁"，后来还给他们赐地修建犹太会堂。此后开封犹太人受到历朝统治者的宽容对待，在开封安居乐业。他们在居住、宗教信仰、谋业、就学、土地买卖、通婚、迁徙等方面均享受与中国人一样的权利和待遇，从宋代、元代到明代，开封犹太人与汉族、回族等民族和睦相处，与中国人通婚，繁衍生息，直至最后被中国人彻底同化。

（2）深刻理解开封犹太人被同化的主客观原因。开封犹太人被同化的客观原因主要有：中华文化的多元性和包容性；与中国人通婚带来的溶解力；清政府的闭关锁国政策和天灾人祸对犹太会堂的消解。开封犹太人被同化的主观原因主要是：开封犹太人对儒家文化的认同；犹太人自主选择中国"学而优则仕"的价值观念。

（3）与欧洲同时期犹太人的生存苦境作对比。欧洲犹太人作为不愿改宗的异教徒和生活习俗迥异的客民，在欧洲各国无政治权利。欧洲各国禁止犹太人拥有土地，犹太人：职业受限制；经济上被掠夺；备受宗教歧视，被恶意诽谤和陷害；居住在限定的"隔都"里，人身遭侮辱，被迫佩戴各种耻辱标志；被强迫改教；遭驱逐、迫害和屠杀……"二战"中纳粹对600万欧洲犹太人的种族大清洗、大屠杀使1/2的欧洲犹太人从地球上消失。

（4）思考中国古代开封犹太人被同化的启迪。深刻理解中华民族的豁达包容以及中华文明的博大精深和强大的亲和力，增强民族自豪感。中国人与犹太人历史上友好交往的这一页将永载史册，成为不同民族、种族、宗教、文化对话以及和睦相处的典范，彰显人类的和谐与和平。

教案设计

一、教学目标

（一）知识目标

（1）中国古代开封犹太人及其后裔的生活概况。
（2）中国古代开封犹太人被同化的客观原因。
（3）中国古代开封犹太人被同化的主观原因。
（4）中国历史上为什么没有反犹主义？
（5）中国古代开封犹太人被同化的启迪。

（二）能力目标

通过了解历史史实，增强观察问题、分析问题的思辨能力。

（三）素质目标

通过讲授中国古代开封犹太人被同化之谜，使学生深刻理解中华民族的豁达包容以及中华文明的博大精深和强大的亲和力，增强民族自豪感。

二、教学内容及重难点

（一）教学内容

对中国古代开封犹太人被同化现象的历史解读。

（二）教学重点

中国古代开封犹太人被同化的客观原因和主观原因。

（三）教学难点

中国历史上没有反犹主义的原因。

三、学生特点分析

（1）年龄特点：授课对象为大二、大三学生，他们对于大学课程已经比较熟悉，对许多知识都感兴趣，求知欲较强，愿意开阔眼界，广泛涉猎各学科知识，提高人文修养和能力。

（2）知识特点：学生对于犹太人的故事有所耳闻，相关知识比较零碎，缺乏系统性，对于犹太历史和文化缺乏全面系统的了解。

（3）学习特点：大二、大三的学生已经形成一定的学习习惯，学习态度比较认真，对学习有积极性，但应试目的性较强，积极主动思考、分析问题的思辨能力有待训练。

四、教学策略

（1）了解学情：课堂上根据所讲内容随时提问了解学生对犹太人、犹太文明知识的掌握情况，激发学生兴趣。

（2）多种教学法并用：根据学生特点，授课讲求知识性、理论性与趣味性并存。通过案例教学法、比较教学法、讨论教学法等注重培养学生观察问题的能力、古今中外联系对比的能力、理论联系实际观照现实的能力。

五、教学方法

（1）启发式讲授法：充分利用史料，展示图文并茂的多媒体课件，使学生了解中国古代开封犹太人及后裔的生活概况，对中国古代开封犹太人被同化的主客观原因进行深入分析，史论结合、教学互动。

（2）比较法和案例法：与欧洲犹太人受迫害的生存境遇做比较，并列举具体案例，明确二者差异，加深理解中华文化的包容和伟大。

（3）讨论法：课堂上设置问题，组织讨论中国历史上为什么没有反犹主义。分析中国古代开封犹太人与同时期欧洲犹太人不同境遇的社会原因，提高学生的参与度，激发学生的学习兴趣，训练学生的思辨能力。

六、教学进程

（一）课程导入（5分钟）

从犹太历史的特殊性、与中国的不解之缘讲起，展示犹太人的照片，其中有几位大家都熟悉的犹太巨匠——马克思、爱因斯坦、弗洛伊德，然后再展示完全中国化的开封犹太人后裔的照片，二者进行对比可以看出，开封犹太人后裔的面貌特征与中国人完全一样了，从而引出中国古代开封犹太人被中华民族同化这一历史之谜，激发学生的兴趣。

（二）讲授新课（27分钟）

（1）用启发式教学法通过PPT各种图片的展示，结合学术界中外学者的已有和最新研究成果，重点讲授分析开封犹太人被同化的三个客观因素、两个主观原因。（20分钟）

（2）用比较教学法与同时期欧洲犹太人的生存苦境作对比，以加深学生对中外犹太人不同历史经历的深刻印象，更好地理解开封犹太人被中国同化的历史原因。（7分钟）

（三）课堂讨论（10分钟）

中国历史上为什么没有反犹主义？分析中国古代开封犹太人与同时期欧洲犹太人不同境遇的社会原因。

（四）归纳总结（3分钟）

中国古代开封犹太人被同化的现象带给我们的启迪。

（五）课后思考题、作业

为什么在开封犹太人中，科举应试之风会很兴盛呢？

支撑材料

附件1　案例PPT课件

附件2　案例参考资料

附件1 案例PPT课件

中国古代开封犹太人被同化之谜

北京联合大学应用文理学院　石竞琳

一、中国古代开封犹太人及其后裔的生活概况
二、犹太人被同化的原因
（一）客观原因
　　1.中华文化的多元性和包容性
　　2.通婚带来的溶解力
　　3.清政府的闭关锁国政策和天灾人祸对犹太会堂的消解
（二）主观原因
　　1.开封犹太人对儒家文化的认同
　　2.自主选择中国"学而优则仕"的道路
三、对比欧洲犹太人的生存苦境
四、中国古代开封犹太人被同化的启迪

宋代以前犹太人曾在中国这些城市流动地生活、经商

▶ 3

1867年，一位英国的主教访问开封后报道说："他们完全失去了他们的宗教，与中国人几乎没有什么区别。……从相貌、衣着、习惯和宗教方面来看，他们是地地道道的中国人。"

——宋奈雷著，《犹太人的同化：中国犹太人之例》，《社会和历史比较研究》1973年1月号

学者对中国犹太人待遇的评价

◆ 1992年8月，美国哈佛大学费正清东亚研究中心隆重召开"犹太人在中国——历史比较研究"国际学术研讨会，认为"处于从属地位的客民民族生活在居支配地位的主民民族之中，两者的关系状况取决于居支配地位的主民民族。宽容带来融洽，融洽导致融合。"
——王一沙、朱传一著，《关于中国犹太人及其民族融合历史的调查》，《百科知识》1985年第1期

◆ "在中国，没有什么统治者曾挑选犹太人作为迫害对象，他们从未被奴役……"；"中国以容忍和客气的不在意的态度对待少数民族市民，让他们选择自己祖先信奉的教义。"
——潘光、崔志鹰著，《"犹太人在中国——历史比较研究"国际学术讨论会》，《世界史研究动态》1993年第3期

◆ 从明末清初开封七姓《登记册》中的记载可以看出，开封犹太人至少娶了40多个姓氏的外族妇女为妻。

关于1851年至20世纪80年代末426位
开封犹太人及其后裔的抽样调查

开封犹太人及其后裔	娶中国妇女（汉族、回族、满族等族）的比例	出嫁给中国人（汉族、回族、满族等族）的比例
	28.6%	22%

——王一沙著，《开封犹太人春秋》（海洋出版社1992年版）

民族间的通婚孕育着民族接近和种族融合。开封犹太人与中国人通婚，使其犹太血统一代一代地淡化。中国人也给犹太家庭注入了中华文化，犹太人的生活起居、风俗习惯、子女教育、文化信仰、思维方式等都逐渐被中华文化潜移默化。

开封犹太人"七姓八家"中曾出过20多位举人和进士，有过众多秀才和生员。而这些榜上有名者毕竟只是考生中的很少一部分人，由此可以想见当时开封犹太人中参加科举考试的人数之多。

课堂讨论

▶在中国境内,从古代到近现代都有犹太人居住,但是中国从来没有爆发过反犹主义。中国历史上为什么没有反犹主义?分析中国古代开封犹太人与同时期欧洲犹太人不同境遇的社会原因。

◆**课外作业**

犹太这个在世界其他地区以高经商著称的民族,在中国的中原地区却接受中国社会的价值观念,并以此来建立自己的生活标准。在开封犹太人中,为什么科举应试之风会很兴盛呢?

附件2 案例参考资料

[1]埃利·巴尔纳维. 世界犹太人历史:从《创世纪》到二十一世纪[M]. 刘精忠,等译. 北京:中国人民大学出版社,2007.

[2]阿巴·埃班. 犹太史[M]. 阎瑞松,译. 北京:中国社会科学出版社,1986.

[3]潘光旦. 中国境内犹太人的若干历史问题[M]. 北京:北京大学出版社,1983.

[4]张绥．犹太教与中国开封犹太人[M]．上海：上海三联书店，1990．

[5]王一沙．开封犹太人春秋[M]．北京：海洋出版社，1992．

[6]张倩红．论历史上开封犹太人被同化的原因[J]．民族研究，1995（3）．

[7]徐新．犹太文化史[M]．北京：北京大学出版社，2006．

[8]肖宪．犹太人：谜一般的民族[M]．上海：上海人民出版社，2000．

[9]荣振华，李渡南，等．中国的犹太人[M]．耿昇，译．郑州：大象出版社，2005．

[10]潘光．犹太人在中国[M]．修订版．北京：五洲传播出版社，2016．

从"元代白话"看中华文化的"多元一体"格局

魏亦乐

> 魏亦乐,博士研究生,北京联合大学应用文理学院历史文博系讲师。主要研究方向:蒙元史、文献学。所授课程:中国古代史2、中国古代政治制度史。发表论文十余篇,出版古籍整理著作一部。

课程名称:中国古代政治制度史

思政案例名称:从"元代白话"看中华文化的"多元一体"格局

课程简介

中国古代政治制度史为历史专业的限选课程,修读对象为历史系本科三年级学生,先修课程为中国古代史1、中国古代史2。

中国古代政治制度史具有社会科学与人文科学的二重属性。它既是政治学的一门基础分支学科,又是政治学、历史学、法学、军事学、宗教学、民族学、经济学、文化学等多学科有关内容的综合,实质上是一门边缘学科。本课程是一门概述性课程,学生可以通过课程的讲解以及完成课程作业,较为全面地了解到中国历代政治制度的研究状况、研究内容及基本的研究方法,初步接触中国政治制度史的基本文献,初步掌握对古代制度问题的分析能力。通过制度史的学习,学生了解祖国历史悠久且成熟的制度建设历程，可以用历史的眼光看待现实问题，对今天的制度建设做有益的思考。同时，学生会对中国政治制度史的相关课题产生浓厚的兴趣，并结合课堂讲授，利用课外时间，对相关课题进行深入研究，撰写论文。深刻认识我国历史悠久且不断成熟完善的制度建设历程；深刻认识制度建设和制度创新在新时代的重要意义；在文书阅读和训练中认识中华文化多元一体的格局，自觉增强民族团结的意识，增强国家认同、民族认同、文化认同。

思政案例简介

（1）思想政治教育的融入点。

2014年3月，在全国政协十二届二次会议上，习近平主席提出"四个认同"。他指出，"要全面贯彻落实党的民族政策，坚持和完善民族区域自治制度，巩固和发展平等团结互助和谐的社会主义民族关系，不断增强各族人民对伟大祖国的认同、对中华民族的认同、对中华文化的认同、对中国特色社会主义道路的认同，更好地维护民族团结、社会稳定、国家统一"。2015年在第六次西藏工作座谈会上，习近平主席在"四个认同"的基础上增加了"对中国共产党的认同"。此后，习近平主席多次强调要增强"五个认同"。

这"五个认同"中，对中华民族和中华文化的认同是其重要组成部分，对中华民族的认同是铸牢中华民族共同体意识的前提，而共同的文化认同则是国家认同的重要精神依据。

在中国古代史的教学研究中，元、明、清三朝是统一的多民族国家形成的关键时期，中国古代少数民族对中华文化认同是其中的重要方面。在古代公文和汉语史的学习中，学习"元代白话"的语言特点，特别是认清这种语言的汉语基础，学生能够体会到少数民族统治者对汉语和儒家文化为代表的文化的认同，而这种文化心理的认同，构成了历史和现实中统一多民族国家的共同心理素质和精神基础。

（2）教学方法与举措。

为了配合元朝白话硬译文体的教学，本单元课程在课堂上进行相关文献的标点翻译练习，教师配合课堂练习内容进行讲解。

（3）教学成效。

通过本课程的学习，学生能够从这种特殊的历史文献中，认识语言接触背后的文化内涵，从而深刻地认识统一的多民族国家形成过程中的文化融合，从历史投射现实，深刻体会习近平主席强调的加强民族认同、文化认同、国家认同在历史和现实中的重要意义。另外，学生能够在学习这类文献之后，掌握中国历史上一种特殊文献的语言特点和阅读方法，学生认为阅读这类文献，能认识元朝历史的多面性，增强专业学习的趣味。

教案设计

一、教学目标

（一）知识技能目标

元代的公牍白话硬译文体，是中国古文中特殊的种类，其句法乖戾，用词奇诡。通过教师讲解，学生能够掌握元代公牍白话硬译文体的词汇、语法的特点，认识其具有蒙古语、汉语杂糅的特性，部分反映宋元口语的特性，以及其在元代广泛使用于公牍、非公牍文字的特性。

元代的公牍白话硬译文体，其余波延续到明朝初年，学生能够了解该文体的发展及消失情况，以及其语言学、历史学意义。

（二）过程与方法目标

（1）学生能够通过碑刻拓片和历史文献的阅读（教师展示），初步了解碑刻文献、传世文献中的元代公牍，特别是白话硬译文体的样貌。

（2）学生能够初步了解标点公牍白话硬译文体的方法，以及元代公牍中的公文迁转规律。

（3）学生能够熟练标点元代公牍白话硬译文体。

（三）情感态度与价值目标

（1）学生能够通过此课程，有效增强标点古文的能力。

（2）学生能够通过此课程，有效增强阅读古文献的能力，特别是宋元公牍文献，如《名公书判清明集》《元典章》《通制条格》，为更深入了解宋元史打下良好基础。

（3）学生能够从公文书的标点中，自觉分析宋元时期的政府运行模式，及该模式的创举、弊端及现实意义，为当前的制度创新提供有效借鉴，并从中体会中国古代民族交流融合过程中的文化认同，以及元、明、清三朝奠定了我国统一的多民族国家的历史基础。

二、教学内容及重点、难点

（一）教学重点

（1）公牍白话硬译文体与"元代白话"（语言学原理）。

（2）硬译文体的语法。

（3）硬译文体标点举例。

（4）硬译文体的影响及消失。

（二）教学难点

硬译文体的阅读及标点方法。

三、授课方法和教学手段

（1）依据PPT图片，向学生展示宋元时期的公牍文献，以及相关的碑刻照片、拓片等实例。

（2）讲授法。

（3）由于涉及特殊的语言学习，必须配合板书及课堂练习。

四、教学进程

（一）复习（5分钟）

本课程的学习，是在学习中国古代的中央决策体制和行政体制、皇帝制度之后，对皇帝的诏、敕、制、旨等内容有了深刻了解之后，对宋元公牍文献及特殊用法的精讲。因此，我们首先复习上节课讲过的诏、敕、令、旨的性质，以及"圣旨"在宋朝是否作为公牍文体的一种这一问题。利用这一之前讲授的知识顺利导入新课。

（二）导入新课（5分钟）

宋朝的"圣旨"指的是王言，反映了宋朝皇权的加强。但作为皇帝或以皇帝名义发布的公文书文体的一种，"圣旨"这种文体是从元朝才出现的。我们从明清时期以及电视剧中常见的"奉天承运、皇帝诏（制）曰"这一公文抬头的起源导入新课。

（三）讲解（35分钟）

（1）元公牍白话硬译文体——以1354年元大都崇国寺圣旨碑为例，说明这种问题的语言叫作"元代白话"。（5分钟）

（2）学界关于"元代白话"性质的争议。（5分钟）

（3）"元代白话"的语言性质：是基于北宋——金时期形成的"汉儿言语"的一种口语形成，并由书面记录而成的语言，其背后体现了蒙古人学汉语的三个过程，而并非所谓"硬译文体"，或是"直译文体"，它的语言基底是汉语，而如今传世的大量的"硬译文体"文献，体现的是语言学习的中间过程。（5分钟）

（4）"元代白话"名词与语法详解。（20分钟）

五、思考题

（1）"元代白话"的语言性质为什么是汉语？从历史时期语言接触的角度回答。

（2）这种语言消失的原因是什么？

六、教学反思

（1）教学内容：语言与制度文化的关系。要走出自说自话、公婆有理的怪圈，从制度、文化甚至日常生活的角度思考语言现象，阅读历史文献；历史学也要借鉴汉语史的研究成果。给学生灌输正确的学术观念，打破学科壁垒。

（2）教学方法：很多人对朱元璋所谓的"村干部讲话"方式感到十分惊讶，对该问题，网上的解释很多都是错的。如何让学生有判断网络上各类错误信息的能力，是对网络时代历史学专业教学的挑战。

（3）课程思政："元代白话"本身是一种对汉语的改造，然而这种语言体现的是少数民族对汉语的主动接受，理解了这个问题，我们就不难理解中国古代少数民族政权对儒家文化的认同，进而深刻理解民族认同、文化认同、国家认同在历史和现实中的重要意义。

支撑材料

附件1　案例PPT课件

附件2　案例参考资料

附件1　案例PPT课件

从"元代白话"看中华文化的"多元一体"格局

- "历史语言学"与历史研究
- "圣旨"、语言与历史
- "元代白话"与蒙古人学汉语
- "元代白话"性质与"多元一体"格局

问题的切入：如何体现多元一体？

文化的"多元一体"

1. 多元一体的民族——国家认同观念。2. 多元一体的历史文化结构。3. 多元一体的政治制度。

这里体现出两点：第1点和第2点。

2014年9月，习近平在中央民族工作会议上发表讲话，指出：我们讲中华民族多元一体格局，一体包含多元，多元组成一体，一体离不开多元，多元也离不开一体，一体是主线和方向，多元是要素和动力，两者辩证统一。

语言学与历史学

- 阅读"泰西人书"
- 汉语音韵学（上古、中古、近代音）
- 吸收语言学的研究成果

历史学与语言学

- 历史比较语言学
- 番汉对音与非汉语词的词源
- 傅斯年与"中央研究院历史语言研究所"

元代白话的定义与性质

元代白话

宋金元时期的所谓"白话"是一种用口语习惯写作的书面语形式。当然，也有一些语言资料，如《老乞大》等，是一种口语的直接记录。

"元代白话"是一种随着大蒙古国建立及统一中国而出现的特殊文体，夹杂着蒙古语的词汇、语法特点，以宋金北方白话为基础的书面语。历史学者对这种语言的认识比较简单，通常以"硬译文体"概括。

"元代白话"的语言特点

- 外来借词
- 语法杂糅
- 学习外语
- 语言接触

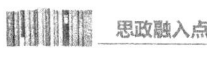

思政融入点

多元

语言接触与多元文化融合

语言接触和学习是伴随着元朝的统一而实现的，从元大都周边地区辐射至北方，甚至全国的语言。

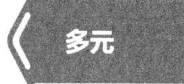

6

思政融入点

一体

以汉语为主体的“元代白话”

我们不难看出，元朝中原文化和汉语为代表的文化向心力，同时也丰富了汉语的表达。

7

附件2　案例参考资料

[1]韦庆远．中国政治制度史[M]．北京：中国人民大学出版社，2003.

[2]白钢．中国政治制度史[M]．天津：天津人民出版社，2018.

[3]亦邻真．亦邻真蒙古学文集[M]．呼和浩特：内蒙古人民出版社，2001.

[4]李崇兴，祖生利，丁勇．元代汉语语法研究[M]．上海：上海教育出版社，2009.

[5]元典章[M].陈高华,等点校.天津:天津古籍出版社,2011.
[6]平田茂树.宋代政治结构研究[M].上海:上海古籍出版社,2010.
[7]通制条格校注[M].方龄贵,校注.北京:中华书局,2011.
[8]方龄贵.元明戏曲中的蒙古语[M].昆明:云南人民出版社,2014.

以史为鉴：查士丁尼瘟疫的暴发及影响

尹　凌

  尹凌，北京联合大学应用文理学院历史文博系教师，北京大学与德国莱比锡大学联合培养博士，美国哈佛大学近东语言文明系访问学者。主要研究方向为世界古代史、中外文化交流、文化遗产学。主讲课程有世界古代史、世界古代文明、世界文化遗产、文化遗产学。主持参与多项省部级纵向、横向课题，出版专著1部，发表论文多篇。

课程名称：世界古代史

思政案例名称：以史为鉴——查士丁尼瘟疫的暴发及影响

课程简介

  世界古代史属于学科大类必修课程，授课对象是历史学专业大学一年级学生。本课程的后续课程为世界近现代史。在完成本课程学习的基础上，学生继续学习世界近现代史课程。本课程的主要目的和任务是，使学生比较全面、系统地掌握古代世界历史的主要发展线索、基本史实、重要历史事件和人物，理解上古文明的发生、发展与终结和中古世界不同地区的政治、经济与文化特点以及宗教对古代世界的影响，构建世界古代史知识体系，了解世界古代史研究成果，初步掌握世界古代史研究方法。培养学生运用历史唯物主义基本原理对古代世界重要历史事件和人物进行客观评价的能力，能深入认知古代世界文化遗产和历史遗迹，能够正确分析和运用世界古代历史资料，具备历史思维能力、自主学习能力和专业学术论文的基本写作能力，能从历史的角度看待今天的一些社会问题并理性地古为今用。

思政案例简介

查士丁尼瘟疫的暴发和影响是世界古代史教学中的一个环节。自20世纪80年代以来，随着史学研究领域对社会文化史的关注，以及多学科交汇研究范式的发展，"疾病史"研究逐渐兴起，学者们开始重新认识查士丁尼瘟疫。研究查士丁尼瘟疫可以揭示人类社会在极端环境下的种种反应，从经济、军事与社会等多方面了解瘟疫对当时社会产生的影响，从而为当代国家、社会相关治理提供反思和借鉴，并且有助于进一步加深我们对瘟疫产生、发展和传播的认识，同时在一定程度上为完善卫生防疫制度和如何对抗疾病提供参考。

通过教师讲授，学生需要学习了解及掌握的主要内容如下：

（1）发生于公元6—8世纪的查士丁尼瘟疫是地中海历史上一次大规模的瘟疫，也有疾病史研究者将其列为人类历史上最严重的全球性瘟疫之一。这场瘟疫持续时间将近两个世纪，波及整个地中海世界的东部和西部，对此后地中海文明的历史进程产生了至关重要的影响。通过阅读教材、参考文献以及聆听教师的讲述，学生应对公元前6世纪在古代地中海世界暴发的查士丁尼瘟疫的背景、原因、传播路径、过程、影响有所了解。

（2）"以史为鉴"，通过研究查士丁尼大瘟疫揭示人类社会在大规模突发传染病事件之下的种种反应，进一步加深我们对瘟疫产生、发展和传播的认识，同时为应对社会公共卫生突发事件、当代国家和社会治理提供参考和借鉴。

教案设计

一、教学目标

（1）知识目标：了解查士丁尼瘟疫暴发的背景、原因、传播路径、过程、应对措施及历史影响。

（2）能力目标：正确分析和运用查士丁尼瘟疫相关历史资料，训练历史思维能力、自主学习能力和历史专题的深入研究能力，从历史的角度看待今天的一些社会问题并理性地古为今用。

二、教学内容及重、难点

（1）教学内容：以史为鉴——查士丁尼瘟疫的暴发及其影响。

（2）教学重点：查士丁尼瘟疫暴发的背景、原因、传播路径、过程、应对措施。

（3）教学难点：查士丁尼瘟疫暴发对拜占庭帝国、古代地中海世界以及周围国家和地区的影响。

三、学生特点分析

（1）年龄特点：本科新生入学第二学期，对专业知识充满好奇。

（2）知识特点：缺乏专业基础，尚未掌握专业学习能力和方法。

（3）学习特点：学生学习态度比较认真，可塑性强，课程内容紧密围绕历史文化，有利于思政教育的全面融入。

四、教学策略

（1）开放式教学：通过网络学堂，布置拓展阅读材料，包括学术性较强的论文和专著，有一定故事性的普及性书籍和趣味性、观赏性较强的视频资料，帮助学生了解大历史背景。

（2）讨论式教学：课堂布置思考题，学生分组讨论，小组分享交流，提高学生的积极性及参与度。

（3）案例教学：课堂上通过案例分析和讨论，引导学生用历史学的方法，将历史事件置于大的时空坐标中进行分析和总结。

五、教学方法

（1）问题探究法：课前结合给出的拓展阅读材料，给出课前思考题，让学生在阅读中思考、在思考中阅读，要求学生对问题进行总结归纳，深化思考结果。

（2）讲授法：讲授查士丁尼瘟疫暴发的背景、原因、经过及影响，介绍国内外学者最新的研究成果。

（3）案例法：在介绍查士丁尼瘟疫的影响时，将典型案例引入课堂教学环节，提升学生的学习兴趣，加深学生对重点知识点的认知。

（4）多媒体法：利用PPT和视频资料，展示课堂讲授内容，便于学生理解和掌握。

六、教学进程

（一）课程导入（5分钟）

回顾上节课的内容，查士丁尼早年的统治，登基称帝、尼卡事件、开疆拓土等。提出问题：古代地中海世界暴发的第一次大规模的瘟疫是什么时间？对查士丁尼的统治有什么影响？

（二）讲授新课（27分钟）

（1）用史料引出对查士丁尼瘟疫的描述，分析查士丁尼瘟疫暴发的原因。（7分钟）

（2）瘟疫暴发下社会的反应及应对措施。（10分钟）

（3）查士丁尼瘟疫的影响：人口锐减、工商业停滞、国库耗尽、中央集权统治、军队遭受重创，并对伦理道德、社会习俗及宗教信仰产生影响。（10分钟）

（三）讨论问题，提问发言（8分钟）

（1）查士丁尼瘟疫暴发后社会上有什么反应？帝国采取了哪些应对措施？

（2）你认为学习和了解查士丁尼瘟疫的历史对当今现实有哪些借鉴意义？

（四）归纳总结（5分钟）

查士丁尼大瘟疫对于东罗马帝国来说是一场极其严重的灾难，重创了查士丁尼重建帝国昔日辉煌的计划。541—602年暴发几十次，瘟疫进一步传播到阿拉伯、英国、法兰克王国，并致使环地中海世界的城市进入了一个缓慢的衰退期。研究查士丁尼瘟疫可以揭示人类社会在极端环境下的种种反应，从经济、军事与社会等多方面了解瘟疫对当时社会产生的影响，从而为当代国家、社会相关治理提供反思和借鉴，并且有助于进一步加深我们对瘟疫产生、发展和传播的认识，同时在一定程度上为完善卫生防疫制度和如何对抗疾病提供参考。

引导学生思考：

结合文献阅读和时事新闻，思考查士丁尼瘟疫对当今社会的借鉴意义。

支撑材料

附件1　案例PPT课件
附件2　案例参考资料

附件1　案例PPT课件

以史为鉴：查士丁尼瘟疫的暴发及影响

查士丁尼瘟疫是指公元6世纪在地中海世界暴发的第一次大规模鼠疫，由于是在当时的皇帝查士丁尼一世统治时期暴发，因此被称作查士丁尼瘟疫。

- 541年开始，地中海世界第一次大规模的瘟疫。
- 暴发原因：
  上帝的惩罚？
  发达的地中海贸易，海上谷物运输，埃及海港

应对措施
帝国：修大坟冢、人力、财力
社会：恐慌、流言
医生：无力应对

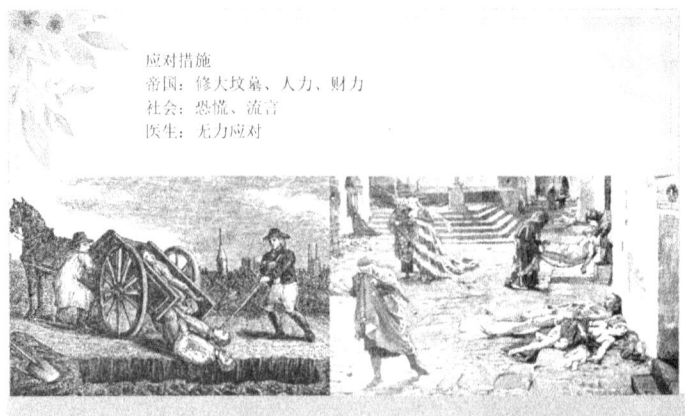

3

"君士坦丁堡的瘟疫流行了 4 个月，其传染最强烈的阶段持续了大约 3 个月。起初死亡人数略低于正常状态，而后死亡率持续上升，后来死亡总人数高达每天 5000 人，最多时甚至达到每天 10000 人或更多。"

——据普罗柯比记载

4

影响
◆ 人口锐减
◆ 工商业活动停止
◆ 国库耗尽
◆ 中央集权统治
◆ 军队遭受重创
◆ 对伦理道德、社会习俗及宗教信仰产生影响

5

附件2 案例参考资料

[1]陈志强．研究视角与史料："查士丁尼瘟疫研究"史学集刊[J]．2006（1）：13—15．

[2]董令德．查士丁尼大瘟疫探析[D]．上海：上海社会科学院，2018．

[3]刘榕榕，董晓佳．试论"查士丁尼瘟疫研究"对拜占庭帝国人口的影响[J]．广西师范大学学报：哲学社会科学版，2013（4）：49．

[4]刘榕榕，董晓佳．浅议"查士丁尼瘟疫"复发的特征及其影响[J]．世界历史，2012（2）．

[5]陈志强．鹰旗飘落：拜占庭帝国的末日[M]．北京：北京大学出版社，2016．

[6]裔昭印．论查士丁尼[J]．学术月刊，1995（10）．

[7]陈志强．地中海世界首次鼠疫研究[J]．历史研究，2008（1）．

[8]崔艳红．查士丁尼大瘟疫述论[J]．史学集刊，2003（7）：3．

[9]徐家玲．早期拜占庭和查士丁尼时代研究[M]．长春：东北师范大学出版社，1998．

[10]武斌．人类瘟疫的历史与文化[M]．长春：吉林人民出版社，2005．

[11]杨红林．历史上的大瘟疫[M]．北京：中国发展出版社，2007．

北京历史上的"民族交往交流交融"

——以辽金元时期为例

于 洪

于洪，1973年生，中央民族大学民族学博士，现为北京联合大学应用文理学院历史文博系副教授，主要研究方向为北京史、北京民族史、北京宗教史。主讲课程中国文化遗产、北京史、佛教文化专题等。主持完成省部级项目多项，发表论文20余篇，出版著作3部。

课程名称：北京史

思政案例名称：北京历史上的"民族交往交流交融"——以辽金元时期为例

课程简介

北京史课程是历史学专业的专业选修课之一。学生通过本课程的学习，系统了解北京历史文化的发展脉络及体系结构，尤其是北京自古以来就是多民族交往、交流、交融的地带，也是中华民族多元一体形成的重要历史舞台。本课程的内容让学生了解各个历史时期民族交流交往交融的特点，为铸牢首都大学生的中华民族共同体意识奠定基础。此课程也体现了北京历史文化的特色，即各民族在长期历史发展中形成的政治上团结统一，文化上兼容并蓄，经济上相互依存，情感上相互亲近，你中有我、我中有你、谁也离不开谁的民族共同体。当下的北京也遗留下很多能体现"铸牢中华民族共同体意识"的物化遗迹。

通过北京史的学习，引导学生践行社会主义核心价值观，开阔学生的文化视野，能够主动积极地为北京文化遗产的保护与传承做出贡献。通过该课程的学习，学生在后续学习文化遗产学、民俗学、非物质文化遗产学等课程时有基础的历史学背景知识。

思政案例简介

该思政案例的主题是，"要铸牢中华民族共同体意识，促进各民族交往交流交融"，要从历史、现实、未来三个维度去理解。从历史角度看，中华民族共同体是由56个民族共同组成的，56个民族共同创造了民族的疆域，共同书写了民族的历史，共同创造了民族的文化，也共同凝聚了中华民族共同体的精神。北京是我们伟大社会主义祖国的首都，是全国的政治中心和文化中心，也是举世闻名的古都。北京自古以来就是多民族交往、交流、交融的地带，也是中华民族多元一体形成的重要历史舞台。辽金元时期，北京由陪都逐渐走向国都，并成为全国政治中心和文化中心，城市性质发生了重大变化，因此这一时期在北京城市发展进程中占据了重要地位。

教案设计

一、教学目标

（一）知识目标

以"民族三交理论"（民族之间的交往、交流以及交融）为指导，对辽金元时期各民族之间的关系进行深入研究，从建筑遗存、宗教活动、生活习俗等方面进行梳理总结，从而更进一步说明北京城市是由多民族共同缔造的，"铸牢中华民族共同体意识"具有历史基础。

（二）能力目标

学会用"铸牢中华民族共同体意识"重大论断，理解分析各民族发展的特点及各民族对北京城市发展的贡献。

二、教学内容及重难点

（一）教学内容

1."民族交往、交流和交融"与"铸牢中华民族共同体意识"的关系。

2.北京地区辽金元时期各民族交往、交流和交融的历史进程分析。

3.总结辽金元时期北京地区民族交融的特点。

4.找出辽金元时期北京地区能代表民族交融的历史建筑遗迹，并思考活化利用的方法与途径。

（二）教学重点

北京地区辽金元时期各民族交往、交流和交融的历史进程分析。

（三）教学难点

总结辽金元时期北京地区民族交融的特点与"铸牢中华民族共同体意识"的关系。

三、学生特点分析

1.年龄特点：学生所处学期为大三第一学期，此时学生初步形成了自己的大学学习习惯。

2.知识特点：北京史课程使学生具备了一些基础的历史知识，但对北京历史与文化的学习接触还比较欠缺。在学习过程中，需要由浅入深、由表及里地讲授。

3.学习特点：学生学习态度比较认真，有一定的积极性，但学习过程中缺乏主动思考和开拓创新的意识，应试性目的较强，对知识的掌握不牢固、不深入。

四、教学策略

1.案例教学。课堂上通过"铸牢中华民族共同体意识"案例的分析和讨论，引导学生分析问题，归纳结论，帮助学生理解北京城市发展是各民族共同筑建的，帮助学生建立"铸牢中华民族共同体意识"历史观。

2.讨论式教学。课堂上设置问题和组织讨论，提高学生的参与程度，激发学生的兴趣。

五、教学方法

1.讲授法。

讲授"民族交往、交流和交融"与"铸牢中华民族共同体意识"的关系。

2.案例法。

以"辽金元时期各民族交往、交流和交融的历史进程分析"为个案作为引入点,通过鲜活的北京城市发展变化与各民族对城市的贡献事迹使学生对"铸牢中华民族共同体意识"有直观的印象。

3.多媒体法。

利用文字、图片等内容,展示课堂教学的内容,增强学生对"铸牢中华民族共同体意识"的认识。

六、教学进程

(一)课程导入(10分钟)

首先对"民族交往、交流和交融"进行阐述。这一概念从三个角度进行讲述:一是从马克思历史唯物主义的视角分析;二是从心理学视角阐释分析;三是从文化认同的角度分析。

(二)讲授新课(20分钟)

1.契丹人与辽南京城的形成发展。(5分钟)

2.女真人与金中都的形成与发展。(5分钟)

3.蒙古人与元大都的形成与发展。(10分钟)

(三)讨论问题,提问发言(10分钟)

1.辽南京、金中都和元大都在北京城市发展中的意义?

2.各民族在北京城市发展中的贡献?

3.辽金元时期民族交往、交流及交融的特点?

(四)归纳总结(5分钟)

引导学生思考:

(1)"民族交往、交流和交融"与"铸牢中华民族共同体意识"有怎样的关系?

（2）"民族交往、交流和交融"与北京城市的发展有何关系？

支撑材料

附件1　案例PPT课件
附件2　案例参考资料

附件1　案例PPT课件

北京历史上的"民族交往交流交融"
——以辽金元时期为例

主讲人：于洪

1

课程思政融入设计

铸牢中华民族共同体意识

在党的十九大上习近平提出**"铸牢中华民族共同体意识"**，第一次写入党代会工作报告，写入新修订的《党章》，赋予民族工作新的内涵和重大历史使命，是习近平新时代中国特色社会主义思想在民族工作领域的具体体现。

2

166

一、"民族交往、交流和交融"与"铸牢中华民族共同体意识"关系

1. "民族交往、交流和交融"
2. "铸牢中华民族共同体意识"
3. 二者的关系
◆ 民族三交是基础：是不断夯实铸牢中华民族共同体意识的社会基础。
◆ 目的相同：为坚定中国特色社会主义道路、弘扬中国精神、凝聚中国力量提供物质基础和精神源泉。

 二、辽金元时期，北京地区各民族的三交特点

1. 契丹族与辽南京
◆ 契丹人过着"逐寒暑，随水草畜牧"的生活。
◆ 辽太祖耶律阿保机统一契丹各部称汗，国号"契丹"，定都上京。辽太宗改国号为辽，并在幽州城建立陪都，因为这个陪都位于它所统辖的疆域南部，所以又称为南京，亦称燕京（原在燕地）。
◆ 辽开幽州城为陪都外，在其地设置了析津府。

2. 辽南京的民族三交
（1）契丹人的汉化
（2）汉人的契丹化

3. 女真族与金中都

◆女真，中国古代生活于东北地区的古老民族。公元1115年（辽天庆五年），女真首领完颜阿骨打正式立国称帝，国号大金。金朝始建之初以会宁为都城(今黑龙江省阿城市)。

（1）金中都的建立

◆天德三年(公元1151年)四月，海陵王完颜亮正式下诏迁都燕京，参见《议迁都燕京诏》。

◆海陵王随后派张浩、苏保衡等营建都城。在工程基本完成的情况下，完颜亮于当年就正式迁都于此，定名中都

◆中都城在辽南京城的基础上向东、西、南三面扩展，并参照了北宋都城汴京的规划、建筑，动用了120万人，历经2年至贞元元年(公元1153年)才告完工

◆次年，将上京的宫殿、贵族府第一律毁弃。

（2）金中都民族三交特点：互动、融合

4. 元代大都中的民族三交

（1）蒙古族与元大都的建立

◆在12世纪末叶、13世纪初，中国北方又一个游牧民族——蒙古族崛起，并逐渐强盛起来。蒙古族在唐朝时被称为"蒙兀室韦"。

◆至元八年农历十一月十五日（1271年12月18日），忽必烈发布《建国号诏》，将国号由"大蒙古国"改为"大元"，从大蒙古国皇帝变为元朝皇帝，正式建立元朝。

◆至元九年（公元1272年），新皇城宫室建成，遂改中都为大都，并诏令定国都于此。元大都遂成为统一的多民族封建中央集权国家的都城。作为全国的政治中心、文化中心，元朝政府对元大都从城市建设、行政管理、水陆交通、政令传递等各个方面进行了全面营建，为今天北京城的确立与发展奠定了基础。

（2）大都中的居民

◆蒙古族：至元元年（公元1264年），元世祖忽必烈将政治中心自漠北迁至燕京（后改名为大都，今北京）。此后北京成为全国政治和文化的中心，也成为全国优秀人才和文化的汇聚地区。

◆色目人：大量漠北、西域等地的少数民族随蒙古军队进入大都，许多人定居燕京，聚族而居。

◆汉人和南人：元初北京地区经济凋敝、人口稀少，蒙古统治者采取从南宋都城临安将大批百姓、工匠、学者甚至投降官员强行北迁，并安置在燕京地区。

（3）交融与认同

◆ 蒙古族的交融与认同：

◆ 生活在大都中的蒙古人和色目人的"汉化"在当时是一种比较普遍的社会现象。

◆ 到元朝中后期，由于受到汉族文化的长期熏陶，有些统治者如英宗、文宗、顺帝及其太子等人，都很喜爱书法，且能自成一家。耶律楚材是元代著名政治家，由于长期居住在燕京城，对元代实行儒教治国理念起到了极大的推动作用。

◆ 大都中的汉人、南人与色目人的交融与认同：

第一，汉人和南人接受并学习少数民族的语言。

第二，由于和汉人、南人和蒙古人或色目人通婚，子女的姓名便出现汉姓与少数民族的名字混合的现象。

第三，伊斯兰教和藏传佛教在元大都得到普遍传播。

三、总结辽金元时期北京地区民族交融的特点（讨论）

四、找出辽金元时期北京地区能代表民族交融的历史建筑遗迹，并思考活化利用的方法与途径（讨论）

附件2　案例参考资料

[1]孙进己，等．女真史[M]．长春：吉林文史出版社，1987.

[2]于杰，等．金中都．[M]．北京：北京出版社，1989.

[3]韩儒林．元朝史．[M]．北京：人民出版社，1986.

[4]陈高华．元大都．[M]．北京：北京出版社，1982.

[5]沙之沅，等．北京的少数民族．[M]．北京：燕山出版社，1988.

[6]曹子西．北京通史（全十卷）．[M]．北京：中国书店，1994.

[7]李锐．加强各民族交往交流交融　铸牢中华民族共同体意识[J]．内蒙古统战理论研究，2021（6）.

[8]陈宗荣．关于民族交往交流交融的学理思考[J]．中国藏学，2021（1）.